危ない抵当証券

山一抵当証券被害回復の記録

小西慶太 著／山一抵当証券被害弁護団 監修

緑風出版

はじめに

山一抵当証券被害弁護団 団長 山口 広

九州から北海道まで、全国各地にいる一万人もの被害者の怒りをどうまとめるのか。しかも高齢者や主婦が多いので原告団として機敏に活動するのはむつかしそうだ。四大証券の一角を占めた山一證券や大蔵省などを相手にして勝てるのだろうか。しかし、これだけ多くの被害者が法的救済がないまま放置されていいのか。

一九九七年十一月に山一證券が経営破綻して、抵当証券購入者が三二〇億円もの被害を受けているのに、法律的な手だてが講じられないままでいた。翌九八年六月に被害者の会や弁護団が結成されるまでの間、誰にも相談できずに全国各地でくやしい思いをしつづける人が約一万人いたのだ。今でこそ、取り組んでよかったと心から言える。しかし、弁護団を組織して活動をスタートするまでは本当に迷いつづけた。

本書はそんな困難な大型消費者事件でも、人と時と場を得れば何とかなるという実例を示すものだ。情報化社会の今日、全国の万余の消費者が一挙に被害を被る大型消費者事件は今後も発生するだろう。そんな時、山一抵当証券被害者の会と弁護団の足跡が少しでも手がかりを提供し、激励になることを期待したい。

金融業界の規制緩和（ビッグバン）は必要だと思う。様々な規制や大蔵・通産両省の護送船団方式の業界保護にあぐらをかいて自助努力を怠り、競争力を失った企業は、市場から淘汰されるべきだ。しかし、金融機関が消費者に利率を明示し、元本保証と称して売った金融商品についての約束は何としても守らなければならない。このような売り方を政府も認め、金融機関もその信用で消費者から資金を集めた以上、これはきちんと返還されるべきだ。そうでないと、一三〇〇兆円と言われる国民の金融資産はどこにも安心して預けられなくなる。たんす預金が増え、海外に大量の資金が流出する事態になれば、わが国の経済の衰退は火を見るより明らかではないか。金融ビッグバンや市場経済の自然淘汰の中にも、最低限守られるべきルールがある。消費者の信頼は最低限保護されなければならない。

山一證券の経営破綻の最大の汚点となりかねなかった抵当証券問題が、多くの関係者の努力と協力で、何とか合理的な解決にこぎつけられたことは、この最後の一線つまり消費者の信頼を守ることができたことであり、「不幸中の幸い」であった。

不動産投資資金の流動化、貸金債権の証券化などが提唱され、次々と新たな金融商品が市場に出回りはじめた。これは必要なことかも知れない。しかし、このような複雑な金融商品を消費者に売る場合には、よほどわかりやすいリスクの説明を義務付けなければならない。売らんかなに走る金融機関は、うまみを強調してリスクの説明をサボりがちだ。その典型が山一證券が売った抵当証券だった。そんなひどい被害を大量に生み出すことは二度とくり返してはならない。

金融関係者には、本書によってそのことを肝に銘じて欲しい。

弁護士が書く文書はなぜか難渋になる。それを自覚している弁護団は、ジャーナリストの小西慶太氏に執筆を委ねることにした。法律的にもむつかしい事件の全容をよくぞここまでわかりやすくまとめてくれたものだ。

金融ビッグバンの一隅にこんな取り組みもあった。これが今後の教訓として金融関係者や新たな被害者に生かされることを何よりも願っている。

最後に苦労と不安を共にした原告の皆さん、弁護団・事務局、解決のために尽力いただいた松嶋英機山一證券破産管財人やその常置代理人、草野耕一山一ファイナンス破産管財人や大岸聡代理人、東京地方裁判所民事二〇部と民事一部の裁判官各位に、心から感謝と敬意を表します。

危ない抵当証券

山一抵当証券被害回復の記録

目次

危ない抵当証券——山一抵当証券被害回復の記録▨目次

第一章

弁護団結成

被害一一〇番に殺到する電話

予想をはるかに超える反応だった。息つく間もなく受話器を取り上げ、対応に追われる弁護士たち。受話器を持つ掌は汗ばみ、メモがみるみるうちにうず高く積まれていく。一九九八年六月二十五日。東京霞ヶ関の弁護士会館。広い会議室を借りて東京三弁護士会が設置した「山一抵当証券問題一一〇番」の八本の電話は、朝から休むことなく呼び出し音を繰り返していた。

日本四大証券のひとつであり、創業百一年の歴史を誇る名門証券会社、山一證券が自主廃業を発表したのは、前年の十一月二十四日のことになる。あれから半年以上が過ぎ、山一證券破綻をめぐる報道もひところに比べるとずいぶん沈静化していた。

だが今日、こうして殺到する電話の中から聞こえてくるのは、怒り、困惑、絶望に囚われ、切迫した様子の声ばかりなのである。

「なけなしの老後資金をつぎ込んで山一證券で抵当証券を購入したんです。山一が潰れてもう半年以上経つのに、お金が返ってこない。もう返ってこないんでしょうか」

「山一證券を信用して買ったのに戻ってこない。いったいどうなっているんですか」

山一證券が自主廃業を発表した時、顧客資産は万全の体制で保護されるという話だったはずだ。実際、日銀特融も発動され、顧客からの保護預かりの株式の引き出しや投資信託の解約にすべて応じている。山一證券が発行した社債も満額償還された。しかし、最も安全な商品として販売された抵当証券だけが例外だった。山一證券の自主廃業とほぼ同時に、いきなり支払いが停止されたのである。

購入者にとっては、なぜ戻ってこないのかがわからない。押し問答となった山一證券の窓口ではこう言われた。

「山一抵当証券は山一ファイナンスのものなので、山一證券では払い戻せません。追って、抵当証券保管機構というところから連絡がいくと思いますので、それまでお待ちください」

山一ファイナンスという会社も、抵当証券保管機構という組織もほとんど初めて聞く名前だった。その後、たしかに保管機構からは郵便物が届いたが、書いてある内容の意味はさっぱりわからなかった。

「山一證券の社員に元本保証、絶対安全だといわれたから、定期預金のつもりで買ったんです。全財産をつぎ込んだんです。なんとかしてください」

「抵当証券保管機構はいったい何をしてくれるのでしょうか。このままにしているとどうなるんでしょうか」

電話をかけてきた山一抵当証券の購入者たちは、抵当証券がいったいどのようなもので、自分たちがどんな状況におかれているのかすら把握できていなかった。基本的な知識・情報をほとんど持たず、知らされずに、ただ半年もの間、取り残されていたのだった。

そんな訴えが途切れなく続く。被害は深刻だった。

この日、運よく話し中の電話をかいくぐった被害者は一八二人に上った。被害額を合計すると一〇億一三〇〇万円。居住地は北海道から鹿児島までの全国にわたり、六十歳以上の高齢者が七割以上を占めた。

では、彼らが手にした抵当証券とはどのようなものなのか。

ここに、山一抵当証券のリーフレット（チラシ）がある。勧誘のために作られたものだ。こんなふうに書かれている。

「高利回りで安全確実　抵当証券」

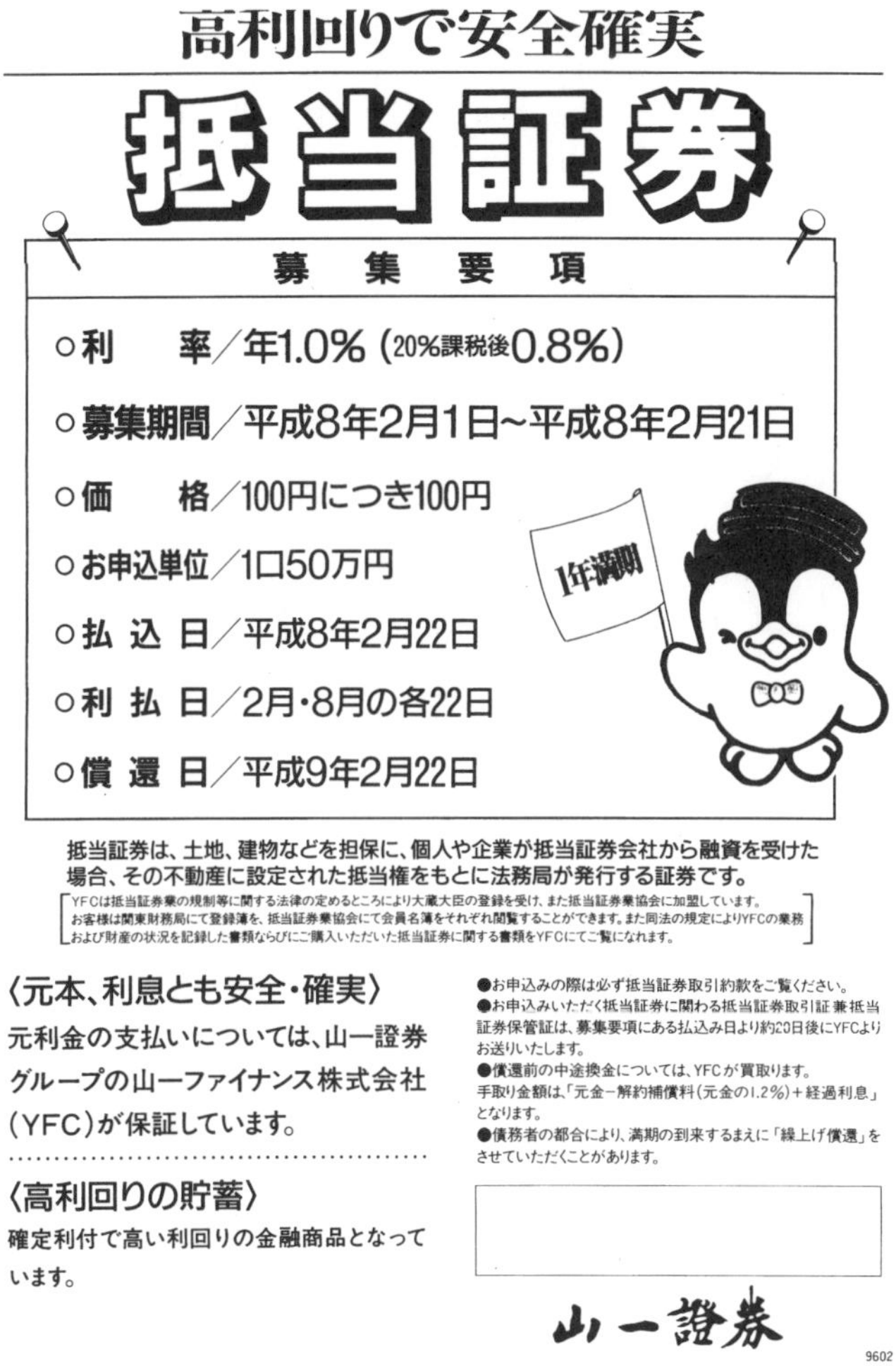
高利回りで安全確実
抵当証券
募集要項
○利　　率／年1.0%（20%課税後0.8%）
○募集期間／平成8年2月1日～平成8年2月21日
○価　　格／100円につき100円
○お申込単位／1口50万円
○払 込 日／平成8年2月22日
○利 払 日／2月・8月の各22日
○償 還 日／平成9年2月22日
1年満期
抵当証券は、土地、建物などを担保に、個人や企業が抵当証券会社から融資を受けた場合、その不動産に設定された抵当権をもとに法務局が発行する証券です。
［YFCは抵当証券業の規制等に関する法律の定めるところにより大蔵大臣の登録を受け、また抵当証券業協会に加盟しています。お客様は関東財務局にて登録簿を、抵当証券業協会にて会員名簿をそれぞれ閲覧することができます。また同法の規定によりYFCの業務および財産の状況を記録した書類ならびにご購入いただいた抵当証券に関する書類をYFCにてご覧になれます。］
〈元本、利息とも安全・確実〉
元利金の支払いについては、山一證券グループの山一ファイナンス株式会社（YFC）が保証しています。
〈高利回りの貯蓄〉
確定利付で高い利回りの金融商品となっています。
●お申込みの際は必ず抵当証券取引約款をご覧ください。
●お申込みいただく抵当証券に関わる抵当証券取引証兼抵当証券保管証は、募集要項にある払込み日より約20日後にYFCよりお送りいたします。
●償還前の中途換金については、YFCが買取ります。手取り金額は、「元金－解約補償料（元金の1.2%）＋経過利息」となります。
●債務者の都合により、満期の到来するまえに「繰上げ償還」をさせていただくことがあります。
山一證券
9602

山一抵当証券リーフレットの一例。「安全確実」とうたわれている

「抵当証券は、土地、建物などを担保に、個人や企業が抵当証券会社から融資を受けた場合、その不動産に設定された抵当権をもとに法務局が発行する証券です」

「〈元本、利息とも安全確実〉担保不動産は、不動産鑑定士の鑑定評価を受け、さらに抵当証券法に基づく法務局（登記所）の審査を経ています。その上、販売する抵当証券はすべて財団法人抵当証券保管機構が預かりますので、安全・確実な貯蓄といえます。元利金の支払いについては、山一グループの山一ファイナンス株式会社（ＹＦＣ）が保証しています」

「〈高利回りの貯蓄〉安全・確実な同種貯蓄の中では常に極めて高い利回りとなっています」

そして山一證券と山一ファイナンスの社名。

かみくだいていえば、山一抵当証券とは次のようなものだ。

山一グループのノンバンクである山一ファイナンスが、事業資金を必要とする企業や個人に対して融資を行う。その際、山一ファイナンスは、融資の際にとった不動産担保物件などの貸付債権について、「抵当証券」の発行を登記所に申請する。つまり、企業や個人の借金のカタとなった不動産物件に対する権利（抵当権）を有価証券化するわけだ。

審査を経て交付された「抵当証券」は、山一ファイナンスによって小口に分割される。「抵当証券」そのものは額面額がきわめて大きく返済期間も長期にわたるため、一般の人々が購入するようなものではないからだ。この小口に分割したものをモーゲージ証書という。分割した際には、権利内容も変質し、短期で満期・元利保証の買い戻し約束がなされ販売されるものとなる。一般市民が購入した抵当証券とはすなわちこのモーゲージ証書のことなのだ。

モーゲージ証書の発行元は山一ファイナンスであり、証書にも確かにそう記載されている。だが、実際には販売されたのは山一証券の窓口であり、その窓口で購入申し込みを募り、代金の払い込みを受け、元利金の支払い等を行ったのは、すべて山一證券の社員だった。そしてそこでは山一ファイナンスについてはことさら説明されることはなかったのである。

そもそも、購入者の多くはこのリーフレットを目にすることもなく、「一年満期、固定金利で安全確実です。定期預金より高利回りです」という山一證券社員の口頭での勧誘を受けて購入したのである。

ところが、実際には、この山一抵当証券（モーゲージ証書＝以下、本書では原則として、このモーゲージ証書のことを一般通称にしたがって抵当証券と呼ぶことにする）というシステムは、後述するようにかなり複雑な問題を孕んだシステムだったのだ。

その背景には、山一證券破綻を招いた無責任経営体質、山一グループぐるみでの隠蔽の構図も透けて見えるのだが、それについてもまた、後ほど詳しく検証することにしよう。

さて、この山一抵当証券問題一一〇番が設置されたきっかけは、前年末にさかのぼる。当時、「抵当証券保管機構から書類が送られてきたけれど、どうすればいいんですか」というような問い合わせが法律相談センターに相次いで寄せられていた。九七年十一月末の山一證券破綻と同時に、山一ファイナンスは抵当証券の償還業務を停止し、抵当証券保管機構にその業務を委託していたのである。山一抵当証券の購入者たちは、抵当証券保管機構からの書類を受け取り、そのあまりに複雑な手続きに途方に暮れたのだった。

弁護士会では対応に苦慮し、この事案は法律相談センターの担当から消費者委員会にまわされることになる。当時、東京第二弁護士会の消費者委員会で委員長を務めていたのが山口広弁護士だった。

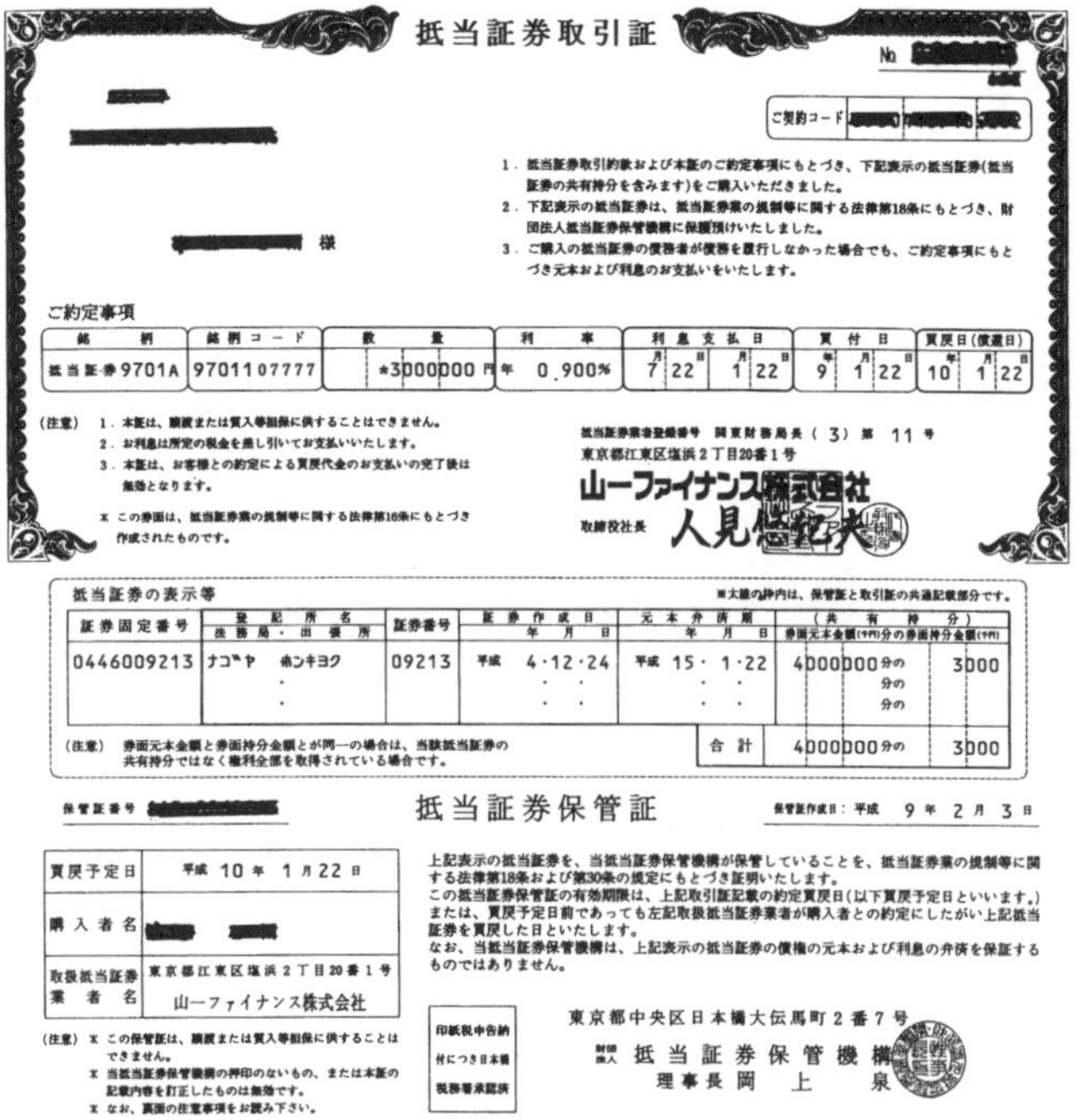

抵当証券取引証

No [redacted]

ご契約コード [redacted]

[redacted]

[redacted] 様

1．抵当証券取引約款および本証のご約定事項にもとづき、下記表示の抵当証券(抵当証券の共有持分を含みます)をご購入いただきました。
2．下記表示の抵当証券は、抵当証券業の規制等に関する法律第18条にもとづき、財団法人抵当証券保管機構に保護預けいたしました。
3．ご購入の抵当証券の債務者が債務を履行しなかった場合でも、ご約定事項にもとづき元本および利息のお支払いをいたします。

ご約定事項

銘柄	銘柄コード	数量	利率	利息支払日	買付日	買戻日(償還日)
抵当証券9701A	970110777	*3000000円	年 0.900%	7月22日 1月22日	9年 1月 22日	10年 1月 22日

(注意)　1．本証は、譲渡または質入等担保に供することはできません。
2．お利息は所定の税金を差し引いてお支払いいたします。
3．本証は、お客様との約定による買戻代金のお支払いの完了後は無効となります。
※ この券面は、抵当証券業の規制等に関する法律第16条にもとづき作成されたものです。

抵当証券業者登録番号　関東財務局長（3）第　11号
東京都江東区塩浜2丁目20番1号
山一ファイナンス株式会社
取締役社長　人見悠紀夫

抵当証券の表示等　※太線の枠内は、保管証と取引証の共通記載部分です。

証券固定番号	登記所名 法務局・出張所	証券番号	証券作成日 年 月 日	元本弁済期 年 月 日	(共有持分) 券面元本金額(千円)分の	券面持分金額(千円)
0446009213	ナゴヤ　ホンキヨク	09213	平成 4・12・24	平成 15・1・22	4000000分の	3000
					分の	
					分の	
				合計	4000000分の	3000

(注意)　券面元本金額と券面持分金額とが同一の場合は、当該抵当証券の共有持分ではなく権利全部を取得されている場合です。

抵当証券保管証

保管証番号 [redacted]　　保管証作成日：平成　9年　2月　3日

買戻予定日	平成 10年 1月22日
購入者名	[redacted]
取扱抵当証券業者名	東京都江東区塩浜2丁目20番1号 山一ファイナンス株式会社

(注意)　※ この保管証は、譲渡または質入等担保に供することはできません。
※ 当抵当証券保管機構の押印のないもの、または本証の記載内容を訂正したものは無効です。
※ なお、裏面の注意事項をお読み下さい。

上記表示の抵当証券を、当抵当証券保管機構が保管していることを、抵当証券業の規制等に関する法律第18条および第30条の規定にもとづき証明いたします。
この抵当証券保管証の有効期限は、上記取引証記載の約定買戻日(以下買戻予定日といいます。)または、買戻予定日前であっても左記取扱抵当証券業者が購入者との約定にしたがい上記抵当証券を買戻した日といたします。
なお、当抵当証券保管機構は、上記表示の抵当証券の債権の元本および利息の弁済を保証するものではありません。

印紙税申告納付につき日本橋税務署承認済

東京都中央区日本橋大伝馬町2番7号
財団法人　抵当証券保管機構
理事長　岡上　泉

山一抵当証券購入者が手にしたモーゲージ証書

山一抵当証券の購入者は合計九七〇〇人、残高は合計三一九億円に及ぶという。

「一万人近くの人がかなりの被害を受けそうな問題なので、これは放っておけないなという反面、でも大変そうだし、先の見通しも必ずしもつかないし、どうしたもんだろうというのが最初の気持ちでした」

弁護士会としてできることは一般的な電話相談までで、具体的な事件として対応するには弁護団を編成しなければならない。弁護団の引き受け手はあるだろうか。ともかく、山口弁護士は、抵当証券に詳しい弁護士や関心がありそうな弁護士に呼びかけて、勉強会を開くことにした。九八年一月と二月に三回。それが最初の行動だった。

「そこで抵当証券の制度的な問題とか、対応をどうしたらいいのかという検討をしたのですが、微妙な問題がたくさんあるということが明確になると同時に、かなり対応としては難しい事件だということもわかってきました。法律的にも難しいし、一万人が全国に散らばっているという状況も訴訟となると難しい。そこで誰か引き受けてくれる弁護士がいればよかったんだけど、諮っても誰も引き受けようとはしないんです。規模が大きすぎる」

四月には、何人かの被害者の話を直接聞いた。どこからも法的救済がなされない立場におかれ、自己責任というにはあまりにも理不尽なその経緯。山口弁護士は次第に、自らこの事件を手がける決意を固めていく。

「この頃、まったく別件ですが、保険会社や証券会社、銀行の破綻処理の問題で、大蔵省の担当者に制度的な話を聞く機会があったんです。その時の官僚の対応には唖然としました。銀行はまだしも、保険と証券に関しては無責任で本当に酷かったんですよ。

そもそも、市民が安心して預けたお金が戻ってくるという約束がなければ、一三〇〇兆円という個人資産が宙に浮いてしまって、外国の金融機関にみんな吸い上げられるということにもなりかねない。元本保証で預けたものは確実に戻ってくるという最低限の約束を日本の金融機関の中で守らないというのは、日本経済そのものに関わる問題だと思うんですね。これは決して大げさじゃなく、元本保証して金融機関が預かったということについては、大蔵省がちゃんと監督しているわけですよ。それは最低限の約束として守らせなければいけない、このまま放っておくわけにはいかないという気持ちを強くしました。

そこで、とりあえず、弁護士会で一一〇番をやってみることにしました。もし、電話が少なければ、個別に対応すればいい。電話が殺到するようなら、弁護団の結成だということで、山一抵当証券問題一一〇番の準備を始めたんです」

山口弁護士は同じ法律事務所の日隅（ひずみ）一雄弁護士に声をかけた。場合によっては大変なことになるかもしれないけれど、一緒にやろうと。日隅弁護士はその四月から新人弁護士としての活動を始めたばかりだった。弁護士になる前は新聞記者だったというユニークな経歴の持ち主でもある。

「最初に山口から、抵当証券って知ってる?って聞かれたんです。知らないと言うとそれまでだと思って、知ってますよと答えたんですが、実は何も知らなかったんですよ。なんとなく文字面から想像して、抵当権を細分化して証券として売っているやつですよねというようなことを答えたんですけど。

その後、弁護団の事務局長をやらないかといわれたんです。通常、こうした弁護団は事務局長が中心になって進めていくので、さすがにそれはとても無理だと辞退したんですが、いいんだ、そういうことは自分がやるから事務局的なことだけやってくれれば、というので事務局長を引き受けることになってしまいました」

山口広団長、日隅一雄事務局長、横山哲夫、藤村眞知子、田中博文、秋山努、安藤朝規、井口多喜男、石上尚弘、大迫恵美子、小川正和、萱野一樹、川畑愛、木本三郎、重隆憲、鈴木喜久子、十枝内康仁、中野里香、中村昌典、長倉隆顕、花輪弘幸、林和男、溝呂木雄浩、宮城朗、見付泰範の各弁護士。二五名の弁護士のうちほぼ三分の一を四年目までの若手が占める。いちばん若い五〇期は四名。以上が山一抵当証券被害弁護団の陣容である。

六月二十五日、一一〇番に電話が殺到したのを受けて、弁護団は「山一グループの抵当証券購入者を原告とし、同証券を相手取った損害賠償請求訴訟を七月中にも東京地裁に起こす」ことを明らかにした。

「頭を痛めたのは弁護団の結成よりも、事務局体制をどうするかでした」

山口弁護士は振り返る。霊感商法事件をはじめ数々の消費者事件に関わってきた山口弁護士だったが、一〇〇〇人を超える規模の訴訟を手がけたことはない。

「とにかく購入者からの問い合わせが殺到することは目に見えていましたからね。霊感商法事件では何百人という原告との連絡をさばいていましたので、その基本的なノウハウは生かせると思っていましたが、誰にそうした仕事を頼むかが問題でした」

山口弁護士の頭に浮かんだのは、以前こうした事務作業を依頼した時懸命な仕事ぶりが印象的だった小西美由紀の顔だった。コンピュータのエキスパートでもある彼女を中心にして事務局を動かしていけば、きっと円滑な事務処理ができるだろう。

一一〇番を実施した翌日の二十六日には、山口弁護士の事務所である東京共同法律事務所内に山一抵当証券被害弁護団事務局を開設。さっそく小西は、問い合わせのあった相談者に関係書類を送るためのデータ入力を開始した。

弁護団は正式結成に向けて準備会議を開催。主に情報収集と分析を中心に検討が進められた。抵当証券が今どういう状況になっているのか、山一証券全体の資産状況はどうか、山一ファイナンスと山一證券の代理人との間でどういうやりとりがなされているのか。

山口団長は連日のように飛び回り、山一ファイナンスの破産管財人との面会、裁判所で山一證券破産記録の閲覧、抵当証券保管機構や大蔵省への訪問などを精力的にこなした。

七月八日午後五時から弁護士会館で行われた第一回被害者集会は、非常に熱気溢れるものとなった。定刻の一時間前から多くの被害者が詰めかけ、一〇〇名を収容できるように用意した部屋はまたたく間に埋まっていた。混雑した会場を縫うようにして資料が配られる。予想通り、年配の方々が多い。静岡県や宮城県から駆けつけてきた被害者もいるという。

冒頭、弁護団から、山一抵当証券問題の現状と今後の見通しについて説明が行われた。

すでに三月二日に山一ファイナンスが自己破産しているため、山一ファイナンスからの買い戻しは不可能となっていること。財団法人抵当証券保管機（もともと抵当証券会社が抵当証券のカラウリや二重売りをすることを防止する目的で、抵当証券会社が販売する抵当証券の原券を保管するために設立された組織。所在地は中央区日本橋堀留町）が購入者の委任を受けて債権の取り立てを行うシステムとなっていること。債権の取り立てというのは、山一ファイナンスが融資を行った先の会社など（原債務者）に対して行うもので、購入したそれぞれの抵当証券は実は特定の原債務者の土地や建物などに対して設定された抵当権に関わるものだったということ。さらに、その原債務者のうち、大口の原債務者にあたる山一土地建物株式会社と山一情報システム株式会社がすでに破綻していること。そのため抵当証券保管機構による同社からの回収は、抵当物件の競売を待つしかないということ。そして、たとえ競売により落札されたとしても、落札価格は抵当証券発行時の評価額を大幅に割り込むことが予想されていること。

現状のままでは購入額の一割から四割程度の払い戻ししか受けられない。山一情報システムを原債務者とする抵当証券の中には優先順位の低い二番抵当として設定されているものもあり、こうなると回収のめどはほとんど立たない。いずれにしても、回収はいつのことになるかわからないということ――。

原債務者別による見通しの細かな数字も示された。被害者たちは真剣な様子で、ひとつひとつ熱心にメモを取る。年配の女性もかなり多い。これまで地道に、安全確実に人生を歩んできた彼女たちにとって、今自分たちがいる場所はまったく場違いな場所に感じられただろう。

しかし、生活の基盤が危機に瀕しているという深刻な現実はもはや疑いようがなかった。被害者たちは大きく動揺し、混乱した。そんな細かな数字言われてもわからないから、もっとわかりやすく言ってちょうだいという声も上がった。弁護団は言葉を換え、何度も説明を繰り返した。

このままでは泣き寝入りだ。もはや、自分たちのお金を取り戻すためには訴訟を起こして立ち上がる以外に道はない。安全確実だといって販売した山一證券こそ責任を取るべきだ。次第に被害者たちはやり場のない怒りの行き先を見いだしていく。もちろん、提訴に参加するかどうかの最終的な判断は個人にゆだねられる。提訴に参加するといっても不安が解消されるわけではない。

「裁判といってもいったい何をするのか。本当に取れるのか。勝てるのか」

「解決したとして、訴訟に参加者しなかった人たちとの差はどうなるか。着手金を払って損をするようなことはないのか」

被害者たちはそうした不安を遠慮なく弁護団にぶつけた。

弁護団は方針を示した上で、とにかく勝てるように全力を尽くすし、解決されなければならない。そのためにはとにかく立ち上がらなければならないんだと熱意をアピールする。

「これだけの数の人たちが被害に遭っているにも拘わらず、山一證券は対外的にはすべて返済しているといい顔をしているわけですから、それなりの解決はしなければいけないと強く思いました。展望があってやるわけではないですが、まったく望みなきにしもあらずとは思っていました。なにより、とにかくしなければいかんということです。

嬉しかったのは、これまで誰に相談していいかわからない、どうしたらいいかわからないまま放置されていた人々が何百人と一堂に会して、やっと話を聞いてもらえる、対応してくれるところができたというので本当に感謝されたことです。それはやっぱり嬉しかったし、やる気がでましたよね。そういう方たちの顔を見て、責任を痛感すると同時にやる気も感じるわけです」（山口弁護士）

この時、被害者の中から世話人を募り、「山一抵当証券被害者の会」の発足となった。

さらに山一證券の元社員がボランティアで事務局を手伝うことを申し出る。いよいよ山が動き始めたのだ。

この日の模様は、翌朝のＮＨＫニュース、産経新聞などで報道される。それを受けて被害者からの電話が急増することになった。

山一證券を相手に訴訟提起へ

第一回被害者集会のほぼ一ヵ月後にあたる八月三日、山一抵当証券の購入者一九三名を原告として、山一證券に元本の一部計一九三〇万円の返還を求める訴訟を東京地裁に提訴した。原告は東京、神奈川、千葉など一都二府二三県の会社員や主婦、定年退職後の年金生活者ら。購入総額は八億七五〇〇万円、一人の平均購入額は四五三万円、最高六五〇〇万円。

訴状で展開された原告の主張は次のようなものだ。

原告は一九九六年十一月から九七年十月に山一證券の本・支店で「元本保証のある安全確実な商品」と説明を受けて抵当証券を購入した。

東京地裁に提訴する原告と弁護団（1998年8月3日）共同通信社提供

⑴　「一年満期・元利保証で買い戻す」と約束して販売したのは山一證券で、実質的な売り主として買い戻しに応じる義務がある。

⑵　山一ファイナンスに支払い能力がないのを知りながら販売を継続したのは不法行為にあたる。

提訴後、原告は弁護団とともに記者会見に臨み、マスコミに対してもアピールを行った。

この主張の法的な観点はどのようなポイントにあるのか整理してみよう。

前述の⑴で主張しているのは、山一ファイナンスが形式的に売ったことになっているけれど実質的には山一證券が契約当事者なのだから、山一證券が購入者と約束した買い戻しを実行しろということだ。ポイントは契約論にある。対して⑵は、売り方自体が詐欺的で、その被害にあったのだから不法行為だという論点。すなわち不法行為論である。

しかし、この二つのポイントをどう構成するのかというのは、法的にも微妙な問題だった。

この訴状では、実質売り主は山一證券なのだから、山一證券が抵当証券に書かれている約束どおりに引き取れ、という主張がメインになっている。もしそれが違うというなら、それは詐欺的だから不法行為で責任を取れというのが二次的な主張だ。

なぜこういう構成にしたのかについては、立証上の便宜を考慮した面も大きい。というのは、不法行為を追及すると、過失相殺というところに行きあたるからだ。つまり、そこを信用して買ったという被害者側の落ち度はどうなのかという議論になるのである。その場合、ひとりひとりの個別的な購入のいきさつ、何と言われてどういう心理状態で契約したのかという具体的ないきさつを裁判所にわかってもらう必要が生じる。その上で、過失相殺が一〇％とか二〇％とか認定されるという流れになるわけだ。ところが、実質の契約が山一證券であるということが認められれば、個別の細かい事情はそれほど必要ではなくなる。

被害者には高齢者も多い。時間がかかれば無意味になりかねない闘いだ。できるだけ早期の解決を図りたい弁護団は、和解解決も視野に入れて、こうした法的構成を選択したのである。

日隅弁護士はこう振り返る。

「勝算ありとまではいかないです。正直いって、必ず勝てるとは思っていなかった。しかしやらざるを得ない。やらなければ勝てないわけです。山一證券に対して訴訟を起こすことは当然として、山一證券の役員訴訟、あるいは社員に対しては可能かどうかなどいろいろな方法が考えられました。弁護団の中にも温度差があって、あまり楽観視していない弁護士からは、最終的には大蔵省の監督責任についての国家賠償請求訴訟まで視野にいれて動かなきゃいけないんじゃないかという意見もありました。もちろんそれはあまりに厳しい闘いになります。でもそこまで覚悟してやっていた弁護士もいたんですね」

だが、とにかく短期間で解決したいというのは共通した認識だった。短期決戦のためには絞り込んで闘っていかなければならない。第一回被害者集会からほぼ一ヵ月で提訴までこぎつけたのも、そうした意識が徹底していたからだ。異例のスピードだった。

請求金額を一律一〇万円としたことも、印紙代を抑え、山一證券の法的責任を明らかにし、早期回収に結びつけることが目的だったためである。このことは一〇万円しか請求しないのかという誤解を招いたが、現実的には山一證券にしても、一〇万円分だけとはいえ支払いを認めるわけはないだろう。結局は責任をすべて認めるか認めないかのどちらかだ。ちなみに、木津信用金庫の抵当証券訴訟では請求額は一律一〇円、北海道拓殖銀行の抵当証券訴訟では一律一〇〇万円で提起されている。

このような事情から、弁護団に対する着手金もきわめて低額に抑えられた。通常、弁護士に対する着手金は請求額の一割程度、訴訟を起こす場合は一〇万円が最低額となっているが、今回は、購入額一〇〇万円以下の人は一万円、五〇〇万円以下の人は二万円、一〇〇〇万円以下の人は三万円、一〇〇〇万円を超える人は四万円と定められた。それ以外に事務連絡費用として五〇〇〇円。これがすべての弁護団費用である。成功報酬は実際に返ってきた金額の二～八％の予定とされた。

第一次提訴を締め切ってからも、事務局には被害者からの問い合わせが相次いだため、弁護団は第二次提訴の準備を進めている。

　この闘いに勝利するためには、どれだけの数の被害者が団結するかという点も大きな鍵を握っていた。八月八日に行われた第三回被害者集会への参加者が少ないことに危機感を抱いた被害者の会は、全国に一万人いる被害者に呼びかけて一緒に闘いましょうと案内の手紙を出すことにした。新聞社出身の日隅弁護士も、その経験を生かして効果的なマスコミへの働きかけに取り組んだ。

　そして八月十五、十六、十七日をあてて電話相談を実施、若手弁護士が交代で対応した。この時の反応は凄まじかった。電話は鳴りっ放しとなり、受け付けたのは一日平均五〇本。

　もっとも、すぐにでも参加したいという被害者ばかりではなかった。負けたらどうするのか、本当に大丈夫なのか。結果はわかりません、でもみんなで頑張るしかないんですといっても、絶対に大丈夫という言葉を求め続ける被害者も少なくなかった。中には疑心暗鬼になって、詐欺じゃないかという相手もいた。ただ、絶対安全といわれて信用して買ったのがこんな目にあっているわけなので無理もないかもしれない。事務局や弁護士たちは根気よく説明を繰り返した。

結果、九月八日の第二次提訴は九四五名となり、第一次提訴と合わせて一〇〇〇名を超えることになる。同日、弁護士会館で第四回被害者集会を開催。さらに第三次提訴に向けての準備を進める。

この頃、すでに事務局も膨大な書類を抱え、法律事務所のスペースを間借りしている状態ではとても対応しきれなくなっていた。そこで、近くのマンションの一室に引っ越すことにする。事務局の作業も応援を依頼してのフル回転となった。事務局の小西は話す。

「数千人もの依頼者の事務をこなすためには、パソコンはなくてはならないものです。事務局では三台のパソコンを活用しました。

たとえば随時発行していた山一抵当証券被害者通信の発送なども、依頼者によっては、本人以外の指定連絡先に送らなければならなかったり、家族には内緒のため弁護団という名前は出さないというよう注意が必要でした。また、所持しているモーゲージ証書によって依頼者ごとに解決が違ってきますので、こうした情報もきちんと管理しておかなければなりません。こうしたさまざまな個人データを管理するために使ったのが、リレーショナルデータベースの『DBPro』というソフトです。このソフトはプログラムも書けるようになっているので、私たちの作業が効率よく行えるようなプログラムを組み、依頼者から問い合わせの電話があった時などにもすぐに回答できるようにしました。
また、陳述書や各種アンケートの入力と分析、その他のさまざまな折衝に必要な書類の作成などは、表計算ソフトの『Excel』を活用しました」

九月十八日、東京地方裁判所六二七号法廷。第一回口頭弁論が行われた。この日に先立って第一次訴訟（一九三人）と第二次訴訟（九五四人）が併合されている。当日、傍聴席には約四〇人の原告が詰めかけ、新聞記者の間では立ち見がでるほどだった。

この日、被告山一證券側の代理人である弁護士が欠席したため、原告側の訴状陳述に続いて、被告側が直前に提出してきた答弁書を擬制陳述（陳述したものとみなすこと）することになった。この答弁書は、原告の請求の棄却を求めるものだったが、理由はまったく書かれておらず、ほとんど内容のないものだった。この答弁書には訴状について釈明するよう求めていたため、当日、原告側はそれに答える準備書面（第一）として提出する。

続いて、原告を代表してKさん（六十六歳）と弁護団長山口弁護士が各五分程度陳述。Kさんは時折声を震わせて「抵当証券を買った資金は、四十七年間にわたって黙々と働いて得た汗と脂、血と涙の結晶」と訴え、原告の思いを代弁した。山口弁護士はこの訴訟を、金融ビッグバンにともなう金融機関の淘汰の中にあって、落ち度のない被害者である原告をいかに処遇するかが問われる裁判だと位置づけた上、早期の解決を図るように求めた。そして陳述書やチラシなどを証拠として提出。次回、第二回弁論はさらに大きな一〇三号法廷で開催することを決めて閉廷となる。

この時、山口弁護士は目の前に立ちはだかる大きな壁を感じていた。

「われわれにとっていちばん切実だったのは、この裁判で山一證券の代理人となる弁護士が、山一證券でそれなりの決裁権限を持っている弁護士なのかどうかという問題でした。ここが大きなキーポイントだったんですよ。山一證券の整理のスキームを考えている中心人物は、私も知っている相澤光江弁護士でした。その相澤弁護士が出てくれれば、あるいは彼女に近い人物が出てくれれば、相当実のあることをその場で話ができると思ったんだけど、そういった弁護士は表に出てこない、それまで直接、山一證券に関わりのない弁護士が出てきたんです。

そこでこの第一回弁論の前に、どんな弁護士だろうと思って、さっそく連絡をとり、法廷外で話す機会を作ったんです。その時に、早く解決をという申し入れをしたのですが、どうせ山一はいずれ破産するのだからこれまでのつなぎですといわんばかりのことを言うんですね。ちょっとこれは長引くなと思いました。

山一證券が破綻したころから主任として担当していた弁護士にも何回か連絡していたんですよ。それで本来、高リスク商品である転換社債ですら破綻後しばらくして一〇〇％以上返して処理しているんだから、この抵当証券の問題もそういう処理をするべきじゃないか、あるいはそれなりの和解を考えるべきなんじゃないかということを強く申し入れたんです。すると、いや、この問題はいずれ和解しなければいけないかもしれないけれど、法律的には山一證券が責任を持たなければいけない事案ではないと。やはり現段階では答えはできないという対応だったものですから、これはまいったなと」

この頃、被害者からの問い合わせの電話は一日五〇本平均で鳴り続け、被害者の会への入会申し込みも連日一五〇通を超す量が殺到している。弁護団も膠着しそうな裁判を打開するための模索を始める。十月五日には山口弁護士と日隅弁護士が山一ファイナンスの高木眞行元社長と面談、九日には重（しげ）弁護士と日隅弁護士が抵当証券保管機構で債務者の競売・回収等に関する聞き取りを行った。

そんな動きに冷水をかけたのが十月二十九日付の読売新聞「山一證券が自己破産申請

の方針」という記事だった。記事によると「昨年十一月に経営破綻した山一證券が自主廃業を事実上断念し、裁判所への自己破産申請を検討していることが、二十九日明らかになった」「自主廃業には裁判所から会社の解散判決を受ける必要があるが、判決の前提条件となる一定数の株主の同意を確保することが困難と判断したため」だという。

日隅弁護士は語る。

「それ以前から新聞記者の情報で、そういう話は耳にしていました。まあ当然、破産の申し立てをするだろうということはわかっているわけですよ。債務超過ではないかという話も当時から出始めていましたし、どう対応するのかという話も当然ありました。

破産申し立ての準備をしているのは知っていましたが、山一證券の資産を返すにあたって、受け取ってくれない人、行方不明になった人がたくさんいて、なかなか返しきれないというのがあったんですね。最後には供託をしなければならない。供託するにあたっても何千人、何万人規模の供託をするというのは大変な手続きなんですね。それよりは返したいということでずっとやってきて、それはまだしばらくかかるのかなと思っていたんです。

だけどいざ破産スキームの中に入ってしまうと解決も遅くなるし、配当率も下がりかねない。なんとかその前に解決をという焦りが出てきました。ますます早く解決しなければいけないと」

同日、二一〇七人が第三次提訴へ。第一次、第二次と合わせて原告は三二四五人となった。平均年齢は五七・四歳、購入総額は九五億八五〇〇万円。

十一月四日は、山一抵当証券問題にとって前半の大きな山場となった。この日の午後三時から九段会館で山一ファイナンスの債権者集会が開催されることになっていたのである。山一證券系列のノンバンク山一ファイナンスに対して債権を持つ人々が多数出席して疑義をただすはずだった。それに先だって、山一證券被害者の会は、午後零時半から衆議院第一議員会館第一会議室で被害者集会を実施、国会議員にも出席を要請した。国会閉会中のため、ほとんどの国会議員が地元に帰っていたが、衆議院大蔵委員を務める佐々木憲昭議員、江田五月参議院議員秘書や山花貞夫衆議院議員秘書などが参加し、詰めかけた一〇〇人の被害者からの訴えに耳を傾けた。佐々木議員は「銀行につぎ込む資金のうちのほんのわずかでみなさんの被害を回復できる。国会でも取り上げて早期解決に尽力する」と発言。出席者から拍手が上がった。

実はこの時、大蔵省や金融監督庁の担当者に出席を要請したが「一〇人程度の集会ならいいが、つるし上げられるのは嫌だ」として出席を断ってきたという。

集会終了後、被害者は会館内の国会議員各執務室を回り、国会議員に被害の早期回復を求める要望書を配布する。

午後三時、議員会館から地下鉄で九段会館へ。山一ファイナンスの債権者集会会場に集った山一抵当証券の購入者は七〇〇人近くになっていた。関西、九州地方から駆けつけた人も大勢いた。念のために確認しておくと、山一抵当証券の購入者のうち「被害者の会」に入会して原告となった人々は、山一證券を相手取って訴訟を起こしているが、破産した山一ファイナンスが発行した抵当証券（モーゲージ証書）を所有していることから、山一ファイナンスの債権者であるという立場には法的にもなんら変わるところがない。

集会冒頭、破産管財人から報告書が読み上げられた。次いで、高木眞行元社長による謝罪。さらに債権者からの質問が続く。この時の質問は、ほとんど抵当証券の購入者が独占した。会場には、その他の債権者、たとえば劣後債の債権者なども来ていたが、ほとんど発言はなかった。

「山一ファイナンスの債権者集会はかなり白熱しました。質問がどんどん出て、どうして返してくれないんだ、返すと言ったじゃないかと。高木社長も来ていましたが、ほとんど何も言いませんでした。山一ファイナンスとして何で返さないんだと言っても、答えはないんです。破産してるから、あるもので配当していきますということしかない。それでも怒りの声は止むことがなかったですね」（日隅弁護士）

この時、弁護団が債権者の委任を受けて行った質問は次の通りだった。平成五年というかなり以前の時期から経営危機に陥っていたにもかかわらず、最終的に平成十一年十一月の破綻直前までモーゲージ証書を販売し続けていた、その経緯を問うものだ。

一　大蔵省の平成五年、八年の指導等について。

1　平成五年時点で債務超過になった原因は何か。

2　平成五年に大蔵省からの指導を受けて経営建て直しのために何をしたのか。

3　平成八年七月時点における不良債権の内容は。

二　山一證券の山一ファイナンスに対する平成八年末からの一五〇〇億円の資金援助について。

1　この援助はどのようにして両者の間で決定されたのか。

2　一五〇〇億円もの援助がありながら債務超過となったのはなぜか。
三　担保物権の下落にも拘わらず漫然とモーゲージ証書を販売し続けたことについて。
1　経営陣はどのように責任をとるのか。
2　管財人は経営陣の責任を追及するべきではないか。
四　山一ファイナンスの高木社長は山一證券の簿外債務の不正処理に山一證券取締役として関与していた。それにも拘わらず、山一證券の経営危機が野澤山一證券社長にも明らかにされ、明確化した平成九年八月中旬以降も抵当証券を販売し続けたことに対して。
1　販売を継続したのはなぜか。
2　平成九年九、十月分の販売を野澤社長と協議して抵当証券の販売を中止することはできなかったのか。
五　昨年十一月二十二日満期のモーゲージ証書について。
1　額面はいくらか。
2　償還したものはいくらか。
3　いったん償還する手続きをしながら支払いを停止されたケースもあるがなぜか。

4　少なくとも右満期のモーゲージ証書は一律に償還するべきではないのか。

「この日まで、被害者集会を何回も開いたり、裁判の度に来てくれる人たちに説明していく中で、原告の方々との意思疎通もできて、原告の方々もどこに怒りを集中すればいいのかということについての合意ができてきたんだと思います。

ポイントは、破綻の前日の段階では、それこそそれまでに販売したモーゲージ証書の三二〇億円分を購入者に返すという準備も可能だったのに、抵当証券は別だということになってしまった。つまり、山一證券が破綻する十一月二十二日に満期になる分は連休明けの二十五日に返す段取りまでして、お金も一度振り込んでいたのに突然引き上げているんです。明らかに方針が変わっている。それを決定したのはいったい誰なのかということです。

そのあたりがぼくらにとっても、被害者の皆さんにとっても関心の焦点でした。そのいきさつを問い質すところにみんなの声が集中したという感があります。

高木社長も形だけは謝罪していましたけど、どうして抵当証券をいったん支払う段取りまでしていたのに引き上げたのかということについては、口を濁していました。山一証券が止めたというような感じで、逃げようとしていた。

いちばんの収穫は、こうした状況を裁判所が見ていたということです。集会は裁判所の主催ですから。こんなに購入者の怒りが強いのかということを裁判官も実感してくれたと思うんですね。思っていた以上に皆さん、発言しました。この時、第三次の提訴が終わっていて、全体の購入者の三分の一の憤りを代表して意見を述べることができたわけです。これは無視しがたい力になっていたと思います」(山口弁護士)

この十一月で山一破綻からちょうど一年となる。破綻から一年という報道の多くは、どこか懐古的というべきもので、山一が着々と清算業務を続けていること、元山一証券社員の再就職はどうなっているかといった論調がほとんどだった。山一抵当証券についての報道も、議員会館での被害者集会の模様がある程度伝えられたに過ぎない。

そんな中で、山一証券の「破産」が少しずつ現実味を帯びてきていた。

十一月二十二日付の新聞記事は次のように伝えている。

「山一證券が巨額の簿外債務を抱え自主廃業を決定してから二十四日で一年を迎える。顧客資産の返済業務に追われる現在も債務超過が日々拡大し、日銀法に基づく特別融資

（日銀特融）が完済できない恐れがでている。解散もままならず、山一の終幕はまだ見えない。

当初は、ことし六月の株主総会で会社解散を決議する予定だった。だが、出席者の持ち株総数が不足、断念せざるを得なかった。そこで商法に基づき、銀行などの株主に裁判所から解散請求をしてもらい、特別清算を目指すことにした。ところが、株主間の調整は行き詰まった。主力銀行の富士銀行は『株主の代表役でなければ協力できる』といい、日本興業銀行などは『富士が全面に出て解散請求をするなら同調する』。

このままでは、最終処理の方法は自己破産申請しか残されていない。自己破産だと、資産を含めた会社処理は全面的に裁判所の手にゆだねられることになる。山一の担当者は、顧客資産を債権回収の対象にさせないために『何とかして顧客に返したい』と、国に管理を任せる供託を検討中だ。一方、日銀特融はピーク時の一兆二千億円から約三千億円に減った。土地資産の売却益などで返していく予定だが、ネックとなるのが三〇〇億円余りまでに拡大した債務超過と劣後ローンの扱い。

劣後ローンは貸し手は高金利が見込める反面、借り手が破綻すると貸し倒れになる可能性が高い。山一は生命保険、損害保険会社計一四社から借り入れた劣後ローン四三〇億円を債務超過の解消に充てたい意向だ。しかし、一四社は『山一は飛ばしなどによる簿外債務を隠していた。民法上の詐欺に当たる』と全額返還を求め提訴。山一が敗訴すれば、特融が直接、債務超過の穴埋めに充てられ一部が焦げ付くという前代未聞の事態となる」

山口弁護士も焦りを隠せなかった。

「破産スキームの中に入ってしまうと解決も遅くなるし、配当率も下がりかねないので、なんとかその前にという気持ち、焦りはありましたね。山一證券の主任弁護士である相澤弁護士も破産の方向でと言っていましたけど、なんとかそれを阻止したいという強い気持ちがありました。なんとか大きな声が集まってきているわけだから、それをバックに破産前に全体解決ができないかということを追求して、破産させるなという国会への陳情も二回行っています。

いちばん苛立ちを禁じ得なかったのは、山一證券の弁護士もそんな対応だったし、裁判の被告代理人としてでてくる弁護士も煮え切らない態度だし、野澤社長以下山一證券の現経営陣も全然自分で判断できない状況だということですね。いわば沈没した船の中で誰も舵を握ろうとしない。そういう状況の中で、山一抵当証券の被害者の問題はほったらかしにされているわけですから。そのあたりはほんとに隔靴掻痒というか、いったい誰がキーパーソンなんだと。決裁権限を握っているところに直接働きかけたいという焦りがありましたね」

いったい誰がキーパーソンなのか。

一連の山一破綻をめぐる動きの中でも、その責任を引き受けようとする者はいなかった。いや、そうした人物がいなかったからこそ、山一は破綻したのかもしれない。そして今もなお、自らの手で責任を果たそうとする者はいないのだ。誰もが漫然とした終わりに向かってずるずると先延ばしを続けるだけだった。

十二月十二日、兜町の山一ビルに野澤社長に面会を求めに出向く。山口、日隅、溝呂木弁護士らが先頭となり、原告約三〇名で、社長に直接会いたいと出向いたのだ。

そこで通されたのは、なんと社員食堂だった。全員が入れる応接室がなかったのかもしれない、あるいはそれほど動転していたのかもしれなかった。

「今、社長はいませんので会えません」

「いえ、会えるまで待ちます」

押し問答が続き、結局一時間近く待たされてから、相手方代理人の弁護士が現われた。

しかし、かなり動揺している様子である。まさか、こんなところにまで現われるとは思っていなかったのだろう。

結局、相手にプレッシャーを与えることで良しとしてその日は引き上げることにした。帰りには、茅場町の駅周辺で、以前、議員会館で配布した要望書などを配布。現役の証券マンらも多い場所柄である。彼らにチラシを手渡す原告らの気持ちは高揚していた。現役の証券マンたちにも抵当証券の杜撰さをアピールするのだと。


十二月十五日、第五次提訴。二四〇人を加え、原告数は合計三六五一人となった。被害総額は約一〇四億円。

十二月二十五日、弁護団は裁判所に対して「準備書面（第四）」（被害の甚大性等）、「準備書面（第五）」（不法行為責任等追及）、「進行についての意見」を提出。

「年末は山一破産のことがずっと頭にありました。できるだけ破産を遅らせることはできないか。あるいは、それまでになんとか解決することはできないのかと。ただ、これまでのところ、やるべきことはすべてやっているという手応えはありました。訴訟対策の上でもやるべきことはやっているし、陳述書も膨大な数になるんですけど集めて出せ

る体制にしたし、社会的なアピールもしているし」（日隅弁護士）

日隅弁護士は九月頃から、事務所に泊まり込むこともしばしばとなっていた。裁判の書面の検討、被害者集会の開催、弁護団会議もこの暮れまでにそれぞれ九回を重ねていた。

「来年の破産は避けられないだろう、では早期解決のためにどうするかということで、山一證券の役員たちの責任を問う役員訴訟もした方がいいんじゃないかという意見も出ていました」

山口弁護士はこう語る。

「弁護団会議でも、このままのんびりと月一回、裁判入れて、ただやっているだけではどうにもならないという話になりました。できることは最大限するべきだと。若手の弁護士から積極的に意見がでて、役員訴訟に踏み切ることにしたんです」

山一ファイナンス債権者集会での熱気溢れる手応え、そして相手の見えない焦り。その間を揺れ動きながら激動の一年が暮れていく。まだ、先は見えなかった。

第二章

被害者たち

解約に高額の手数料がかかると言われた東京のIさん（三六歳）

山一抵当証券の被害者たちは全国に散在している。彼らは実際にどんな生活を送り、どんなふうに抵当証券を購入し、そしてどんな苦しみを味わったのだろうか。被害者たちのもとを訪ねて、生の声を聞いてみることにした。

まず、東京都内に住むデザイナーのIさん。彼女が仕事場としている閑静な住宅街のマンションを訪ねた。

デザイナーという職業は、一般に思われているほど華やかな職業ではない。一部のスターのようなファッションデザイナーから想像するようなデザイナー像はいわば虚像だ。デザイナーの大部分は、日がな机やコンピュータに向かって地道に線を引くような作業を続けている。いわば職人のような仕事なのである。

Iさんは物静かで理知的なタイプの女性。長年、朝から晩までこつこつとひたすら働き続けた。そうして貯めたお金で購入したのが山一抵当証券だった。

「もともと父が山一證券と取引していたんです。その縁もあって、最初は中期国債ファンドを買ったんですね。そのうちに父が、抵当証券の利率がいいらしいというので、山一證券新宿西口支店に行ってみたんです。最初に中国ファンドを買ってから三、四年ほど経っていた頃だと思います」

当時Iさんは会社を辞めてフリーのデザイナーとして独立したばかりだった。金融商品については別段の知識があったわけではない。すでに持っていた中国ファンドの内容は知っていたが、抵当証券については利率がいいらしいという以外には何も知らなかった。

「そこで新宿西口支店に行きまして、父の担当だった女性の担当者に抵当証券はどうなのかと聞いたら、利率もいいし安全性も高いからどうぞというんです。それ以上の説明はなかったですね。その時の印象としては、まあ、感じのいい女性だなと思ったくらいで、特別なことはありませんでした。とにかく少しでも利率のいいもので貯蓄をしたいということだったんです。手続きは迅速でしたよ」

それが八八年頃のこと。以後、一年ごとに満期が近づいてくると担当者から電話がかかってきた。

「継続しますかというので、こちらも仕事が忙しいものですから、じゃあそのままおいておきますというと、新しく番号の変わった証書がくるんですよ。ハンコを押したりするためには支店に行くんですが。金額としては最終的に二千万以上です。仕事を一生懸命して、欲しいものも買わずに、住宅資金としてコツコツと貯めたお金です」

そのうちに担当者が変わった。

「最初の担当の方から次の女性に変わったんですが、その方が退職される時にやたらにやつれて痩せられたんですよ。どうしたんですかと訊ねたら、いえ無理なダイエットをしてというようなことをおっしゃったんですけど、なんか変だなと思いました。その次の方はすぐに辞めて担当が変わりました」

目まぐるしく担当者が変わったこともあって、Iさんはなんとなく不安になっていく。

「その後、Aさんという女性に変わったんですが、その方がまったくちんぷんかんぷんなんですよ。商品のことに関してこれはこうなんですかと訊くと、いちいち奥に行って上司に聞いてくるという感じで」

その頃、九七年の九月頃、山一證券の周囲でいろいろな事件が起こりましたよね。変な噂も聞くようになってきたので、山一證券に電話したんです。山一さんは最近テレビでも騒がれているし、危ないみたいだから、とにかくお金は全部おろさせてくださいと。報道でも解約する人が増えてきたといわれていましたから。

するとAさんは、ああそうですか、でもちょっと待ってくださいと、いつもの調子なんですよ。それで、聞きにいったら一年間は下ろせないんですよと言う。私は、そんなことはないですよ、手数料はかかるけど、下ろせないということはないはずですから、と言ったんですよ。するとまた聞きに行って、今度は解約手数料がかかります、全部で一八〇万円かかりますと言うんです。

えーっ、そんなにかかるのかと思いました。そんなにかかるんだったら、あと二カ月で満期なんだから、あと二カ月おいておこうと思っちゃったんですね。みすみすそんな高い手数料を払うのも嫌ですから。

主人に話したら、主人は『山一が潰れる時は日本が潰れる時だろう』と言うんですよ。たしかに潰れるとは思ってなかった。歴史もあるし、大手だし、安全確実元本保証といわれたし、それにあと二カ月だし。まあ、何とかなるかなと思っていたんですね。いってみれば、日本の国に対する信用もあったわけですよ。まさか日本の国の中ではそんな大手の証券会社を潰すようなことはあり得ないだろうと思いましたからね。そしたら何とかならなかった」

そして、まさにその二カ月が経とうとする頃、山一證券は破綻したのである。

「その日、私が実家で寝ていたら、母が、山一が会社やめるわよって飛び込んできたんです。一瞬、青くなりました。でも、テレビを見ていたら、預金者は保護されるというので、安心していたんです」

Iさんは新宿西口支店に出かけた。

「人が並んであふれ返っていました。ものすごい勢いで怒鳴ってる人がいるかと思うと、窓口の人の肩を叩いてしっかりやれよという人がいる。異様な雰囲気でした。

それでようやく窓口にたどり着いたら、抵当証券だけは山一ファイナンスの持ち物だからダメだといわれたんです。愕然としましたね。たしかに山一證券の抵当証券なのになぜか山一ファイナンスと書いてある。でも、窓口の人も何も言わなかったし、うちと違う会社で発行してるとは一切言わなかった。

私が持っていた抵当証券のうち、十一月満期の一一〇〇万円の分については非継続の手続きをとっていたんです。それについては小切手で受け取れることになっていたので、それだけでも受け取ろうと思っていたんです。そうしたら、目の前に小切手はあるんですけど、それを渡さない。Ａさんは、ちょっと上司に聞いてまいりますと例の調子で。戻ってくると、今日はこれをお渡しできないんですとこういうふうに言うんです。

その時にひったくってでも持って帰ってくればよかったと後で思ったんですけどね。実際、それを受け取って現金に換金できた人もいるそうなんです。窓口のＡさんがもっとちんぷんかんぷんだったら、きっと私はそれをもらって換金できたんですね。もっともその後返せといわれたらしいですけど」

その時、窓口に出てきた部長は「お金は必ず全額お返しします」と言ったという。

「その後も私は、お金を返してくれって言いに行っているんですよ。どうして抵当証券だけ返してくれないんだと。

それに、返還するにあたっての手数料が二〇〇〇万円だったら二四万で済むはずのところが一八〇万といわれた、それもおかしいじゃないかと文句を言ったんです。とにかく返してくれと。

そうしたら、社員は冷え切っているというか、なんかまた文句いっているなという感じなんです。課長とかいう人が出てきて対応するんですが、とにかくできないんです、ダメなんですの一点張りです。

では、その時に対応したAさんの言葉は嘘だったんですかと言ったら、それはたしかに彼女が言ったかもしれないけれど、彼女が山一ファイナンスに問い合わせて山一ファイナンスの人が言ったのかもしれないし、そのあたりに関しては山一ファイナンスの社員はほとんど辞めているから、誰が言ったということは追及できないのでご勘弁くださいと言うんです。結局、それがどこからでてきたのか全然わからないんですよね。いくら言っても押し問答で、どうしようもないです。

テレビでは山一證券の社員はよくやったなんて報道もあったみたいですけど、とんでもないですよ。一部のお金が返ってこない人のことに関して、知らんぷりです。まったく受け付けないですね。とにかくお引き取りくださいという感じでしたね。抵当証券保管機構の方から通知があると思いますので、というそれだけですね。

この時、Aさんをちらっと見かけたのですが、目が合うなり顔をそむけてすぐに引っ込んでしまいました」

二〇〇〇万円以上のお金が戻ってこない？　信じられない事実が少しずつ現実なんだと思えてきた。

「稼ぐためにしたあの仕事の量はなんだったのと思いました。もうあれだけの体力を使って仕事はできないだろう、時間は取り戻せないだろうと思いました。まだ私は働けるから、とも思いましたけど、めちゃくちゃ腹が立ちました。だまされた、という気持ちですね。三カ月間くらいはもうむかつくという表現がほんとにふさわしいですね。電車に乗ってもムカムカしていました。

とくに一週間くらいは悶々としていました。野澤社長の泣き顔をニュースで見ると腹が立ってしょうがなかったですね。いくら泣いてもらってもお金が返ってこないわけですから。普通の人は、責任感があるんだな、かわいそうだなと思ったかもしれないですけど」

一週間後くらいから、方々に電話をかけていったいこれからどうなるのか調べ始めた。弁護士事務所に相談に行くことも考えたが、費用が心配だったこともあり、抵当証券保管機構がどのくらいの対応をしてくれるのかを待つことにしたのだった。

「そんな時、たまたま新聞で弁護団の存在を知ったんです。それで気持ちが多少楽になりました。そして被害者集会に出席して、自分ではとても調べられないことをいろいろ知ることができたんです。それから、私だけがこんなひどい被害を受けているじゃないんだということも非常に力づけられました。

抵当証券の仕組みを聞いたりしているうちに、土地の値段も下がっているから、もう戻ってこないんじゃないかとかなり悲観的になったこともあります。でも、私の場合、とにかく仕事をしなければならなかったので、仕事をしていればある程度頭の外に出せるということがあったかもしれません」

Ｉさんは月の半分くらいを地方に出張していた。そんな多忙な中で、議員会館でのビラまきに参加したり、裁判の口頭弁論に立つ予定を組んだり、さまざまな活動を行う。

「短くて一年、長くて三、四年かかるといわれて、日本って地震が多いから、もしその間に大地震が起こってデータが全部吹っ飛んじゃったらどうしようということまで考えました。心配性かもしれないけれど、証券をこんなに小さくコピーして手帳に入れて持ち歩いていました。

もう、何を信用していいのかがわからないですよね。銀行も安全だと思っているけど、それがそうじゃないんだな、ただの企業なんだなということがよくわかりました。これからもそういうことが起こりうるから、タンス預金がいちばん安全なのかなと思ったり。

そういう金融商品に関しても安全といわれているものに関しては、ただ預けていれば財布代わりになると思っていたのが、いろんなことをかなり気にするようになりましたね。でも、気をつけても何か不安がありますね。怖いです」

終始、淡々とした穏やかな口調だが、Iさんはきっぱりと話す。

「やっぱり、窓口の女性の対応は酷かったと思います。私は何も知らないからという感じで、ヤバくなったら逃げるというのは無責任じゃないですか。商品のことも知らないで客に判を押させるという無責任さも納得いかないですね。

責任のありかをつきつめていけば社長にいくのかもしれませんが、やっぱりその支店の人が、こういうシステムになっていますという説明なしに、とにかく安全だからいいですよいいですよということで、窓口の女性があいう対応をするわけですから。手数料が一八〇万円かかるとかいい加減なことをいうし、課長もどうしようもないんですとにかくお引き取りくださいという対応だし。あの労力とか気持ちとか、もう二度と味わいたくないです。

いや、もう忘れられないですよ。思い出すと気分悪いですね。むかっとします。お金がすべてではないんでしょうけど、やはり、自分が頑張ったことの成果として手にするものですからね」

持病の心臓病が悪化、死んだ方がましと思った大分のTさん（七六歳）

次に向かったのはTさんの住む大分市。

「空港からはホバークラフトも出ているけど料金が高いからねえ。バスがいいですよ」という電話での忠告に従って、バスに一時間半揺られて市内に入る。そこからさらにタクシーで二〇分。彼女が暮らしているのはいわゆる老人ホームだ。

全部で八〇室。やや細長いつくりの八畳間に招き入れてくれた。背筋がすっと伸びて一見元気そうに見えるTさんだが、病院通いの毎日が続いている。優しい口調でゆっくりと話し始めた。

「一年一年、定期預金みたいなものでね。切り替えられるからというのでね。利息もよいからというのでね。それじゃあ買おうかなと思って、内容をもっと見ておけばよかったんですけどね、素人じゃわからないけんね」

Tさんが大分駅前にある山一證券大分支店に出かけたのは、たしか何か別の債券を買うためだった、という。しかし、そこで勧められたのは抵当証券だった。

「行ったら女の人がおってね。よろしくお願いしますよろしくお願いしますとゆうてね。あまり言うから、ちょっとなんか買おうかなっちゅう気になりまして。それで抵当証券が一年ものでいいから、一年の定期預金と一緒だから、なんの心配もない、一年ものでものすごい利息がいいからというので買ったんです。

全部で七五〇万。一口で四〇〇万ちゅう証書もあったんです。農林中金に預けて満期になったから続けて継続にすればよかったんです。だけど抵当証券は一年で利息がいいからというので預けたんです。それは返ってきたんです。それから一〇〇万が三枚かね。それと五〇万」

突然、山一證券が破綻した。

「寝耳に水っちゅうんですか、山一の職員も朝、自主廃業を突然知ったようです。その日、担当の女の人から朝の八時頃だったかずいぶん慌てた様子で電話がかかってきて、これから会社に行くとこやけど、山一が潰れたからと。その人が言うには、私らも知らんで、初めて朝、連絡あったてな。

もう血の気が引くようだったです。ＭＭＦは明日の朝一番に大分銀行に振り込みますから、それは安心ですからと言うんです。抵当証券もほんとはその時に返してもらいたいんですけど、もうてんやわんやですわ。私も大分支店に行こうと思ったけどね、その人が言うには、もうTさん来てもらってもよりつけんというわけですわ。もう人がわんさと来てね、一日かかっても番が来んいう」

それからは待てど暮らせど戻ってこなかった。

「野澤社長が泣いて、社員は悪くありません、てねえ。毎日毎日テレビでやりよったねえ。食堂でテレビ見てみんな真似しよったですよ。山一の話で持ちきりだったわ。私ももう金は返らんよってみんなから脅されよった」

戦時中に青春時代を送ったTさんは、戦後、免状をとって編み物教室で教えていた。その後、結婚して大阪へ。

「大阪に家を持って、主人が株とかやりよったからね。主人は旅行先の温泉のホテルで、それこそ頓死みたいにして心不全で二、三分で死んだんですよ。そんなんで、財産のことなんかなんにもわからんですわ。で、養子がふたりおったんですが、財産を分けてくれゆうてね。まあしょうがないなと思って、あっちの証券会社、こっちの銀行、弁護士の先生にお願いして。まあ、いろんなことがありましたね。これでこういう揉め事は二回目ですわ。親戚の中でも私だけです。

大阪で土地と家が売れるのが二年から三年かかったからね。なかなか売れるもんじゃないです。騙されかかってなんとか売って、昭和六十年くらいに大分に帰ってきた。田舎の安い土地でも買っておけば何とかなるやろと思って妹のところの続きの土地を買ってあったからね。そこに家を建てようと思っていた矢先に主人が死んだんですわ。

結局、予定通り家を建てて住んだのですが、隣の妹たちはじゃんじゃん仕事して、仕事の都合で生活時間は決まっとらんし、なかなか私と生活が合わんで大変になってきた。もう、お金を持ってここに来とったほうが気楽だと思ってね。ここに来て気楽になった方がいいかなと思ってね。それで家の管理は妹に任せてここに来たんです。私は何もいらんと思ってね。こういう運命かなと思ってね。

でも、狭いでしょう。ここに引っ越してきた時は涙が出ましたよ、ほんとに。

でも、ここもきっちりお金払わなならんので。

年金はね、主人が警察に勤めていたから、恩給と、辞めてから会社に勤めていたから厚生年金と。私は国民年金、ちょこっとですけど、それで助かってるんですけど。

今はもう預けてもいくらも利子はつかんのです。だから七五〇万というのは痛かったですね。これはもう、年寄りの身にこたえますよ。もう全然お金を稼ぐということはできないんだから。それで利息は最低でしょう。もうとてもじゃないけど七五〇万があるのとないのでは大変な違いじゃなと思って」

老後はお金の苦労なしに暮らしたいと思っていた。

「ほんと年寄りの身にはこたえましたわ。

もう、ご飯が食べれんのよ。食事は全部ここに作ってくれるように頼んであるから食堂へ行ってもね、全然喉を越さないの。食べた物が上がってくるのよね。それでお粥にしてもらって流し込むようにしてね。栄養ドリンク飲んで。

心臓は前から悪かったんですけど、これで相当病気が重くなった。心臓はどくどくどくどくしよるしねえ。難問にあたったらすぐ心臓にくる。心臓病というのは、くよくよ考えずにのんびりと静かに和やかな生活をしないとね。だから苦にしまいと思うけどね、どうしても気になるし。

心臓は大きくなってるんです。あと不整脈でね。血圧も上が一〇〇を超えることはないんです。山一證券のあれで身体がガタガタになった。この歳になってこんな苦労をするとは思わなかった。でもまあ、自分のことだから、白黒つくまでしょうがないなあ思ってね。

山一證券には腹が立つねえ。精神的に苦しめられたね。年寄りはとくに働けないでしょう。それはもう金にはかえられないね。若かったら身体も動くしどうにでもなるけど、一年一年弱っていく身でしょう。利息も最低ですからね。これだけの精神的苦痛を与えられるんじゃ、もう、どうにもならんねえ。えらい目にあいました。

器もよく割りましたわ。ぼっとしてるから端っこの方に置くんかね。手を洗ってもぶるぶる震えるし、物は割るわで。落ち着きがないちゅうかね。精神安定剤もずっと飲んでたです。飲まんと寝られん。眠ってる間は忘れるからと思ってね。ずーっと眠る薬をもらって。

寝られんというのは苦しいんですよ。夜眠れんと口はからからになるし。翌日ご飯もまずいし。糠を食べるようなんです。そうすると食べられないし、ふらふらで弱るし。近くの病院に行くのも大変で。病院にあっちこっちいかなきゃあかんのです。胆のうも石がたまってね、朝方痛むんですよ。どんどん痩せるばっかりで、これは胃がおかしいのかもしれんなあ思ってね病院に行ったら、胆のうに石がたまってると。

ほんとに落ち込んだね。風邪ひいて一カ月くらい起きられんこともあったね。体力が落ちてしまってね。山一さえなけりゃなと思いよったです」

しかし、弁護団に依頼してからはずいぶん気持ちが楽になった。

「わからんことがあるとすぐ事務局に電話するんですわ。すると、ああTさんですねっていって、すぐいくらいくらいくら残っていますねってわかるんですね。コンピュータですか、あれは。感心しました。それでもう安心したと思って、夜も寝られるようになってね。もう私すぐに電話かけるんです。それでないと神経がもたんちゅうか、もう私、気がおかしくなりそうで。それでもうずいぶん助かったんです。

裁判の書類も書くのも難しくてねえ。書類を読むと頭が痛くなる。夜中に起きて二、三回読んでいくらか頭に入っきて、ああこういう意味だなとわかるんです。とても自分だけではやりきりません。

もう晩はポスト開けないのよ。開けたら夜が寝られんから。夜、前を通って開けようかなと思うけど、朝、朝と思ってね。だから朝開けるんやね。もうどうしたらいいかなこうしたらいいかなって一晩中寝られんのや。いろいろ書き込むところがあるから。

書類を見たら頭くらくらっとしよったですよ。山口先生から来たのは安心じゃあねえ、いろいろ教えてくれるから。だけどどこかの管財人からは、あなたには返しすぎだから四〇万返せと三回来ましたよ。もし送り返さない場合は、法的手段をとる場合もあるとこう書いて。管財人から来ると、ああまた何が書いてあるんじゃろうと思って、頭くらくらとしてね。ほんとにもう神経が参ったわ。

ただもう頭が軽くなりたくて、もう早く死にたいと思う時があったです。もうお金に振り回されるのはもうまっぴらや、死んで楽になりたいと思ってね。もうこれから逃れたいと思ってね。あの世に持っていかれるわけでもなし、もういいわいいわと思うちょったんですけどね。

でも、やっぱりないと困るしね。お金がないと動きがとれません。今日こそは金を使わんでおこうと思っても、使わなかった日はないわ」

身近に金融商品のことなど相談する相手もないTさんは、送られてくる被害者通信を熱心に読んだ。そこで被害者の会世話人たちによる「手紙を書こう」という呼びかけに、これはと思った。

「宮澤喜一さんとかにずいぶん手紙を書いたんです。ビラ配りにも行けんしね。手紙くらいなら書けるからと思って。一生懸命書きました。もう、ありのままを書いてね。笑われてもいいから。

やっぱり先生方に一生懸命頑張ってもらってるのに、なんとかして、少しなりとも何かしたいと思ってね。ぼうっとして日にちを過ごすのはほんともったいないという感じでね。自分でできることはやらな思って。なんとか上に立つ人がなんとか山一證券のことに耳を傾けてくれて、力になってくれればいいかなと思ってね。それくらいですわ。私にできることは」

慣れない手紙を何通も何通も書いた。

「もう全然返ってこないと思っていたんです。命のある間は解決はつかんなと、あきらめとったです。でも、自分で苦労して貯めた金だから、簡単には諦めきれなかったなあ。お金がなくなったら、ここを出なければならんわね。お金は必要ですよね」

支店長に販売方法の非を認めさせた松山のWさん（五三歳）

夕刻、大分港からフェリーで三時間半、松山港に入る。

翌日、市内のWさんのお宅へ。Wさんはご主人とお子さんの三人の名義で山一證券松山支店から抵当証券を購入した。明朗快活、いかにもしっかり者という感じのお母さんである。

「たまたま知人の関係で、山一證券の女性社員のMさんを紹介していただいたのがきっかけです。最初はMMFを買って、定期預金だと満期まで下ろすことができないので、預金と同じように利用していたんです。ちょうど子どもが大学受験の時でした。

それから、一年以上経っていたと思います。そしたら山一のMさんが、抵当証券というのがありますよと。元本保証で一年で利息はよそよりいいしというお誘いがあったんです。

私はたくさん利息が欲しいのではなくて安全なものがほしいんだということをよく伝えたんですけど、これはもう絶対に安心だから、それも期限があと何日しかありませんよ、残りはなんぼしかありませんよと言うので、じゃあ、絶対大丈夫なんだったらといって平成六年から二〇〇万円ずつ抵当証券に移行したんです。

ちょうどその頃、主人の父を世話してまして、いちいち支店に行く時間もなかったですし、いいですいいですと断っていたんですけど。主人の父が亡くなったお葬式の日にも電話がかかってきて、いかがですかといってきた時もありました。今、おじいちゃんのお葬式なのよと言ったら、あ、すみませんといってすぐ切ったけど。それくらい頻繁にかかってきていましたね。

ＭＭＦが二〇〇万くらい、抵当証券は全部で六〇〇万。子どもの教育資金と結婚資金のつもりでした。私たちはサラリーマンですから、もうお金は決まったようにしか入りません。給料は生活費でいっぱいで、ボーナスをそれに順々充てていったという感じです。コツコツと貯めてきたお金です」

山一證券破綻のニュースを見た時は、それほど驚かなかったという。

「ニュースを見て、でも全額保証されるという話だったから、全然違和感なかったんですよ。それで、次はどこに預けようか、現金どないして持って帰ろなんて家族で話していました」

ところが、解約に行ったら話は違っていた。

「それで解約に行ったら、支店はすごい人だったですよ。朝一番に行って整理券もらって、中に入っていったのですが、怒鳴り声も聞こえていて。

窓口では、中国ファンドの方は手続きしますけど、抵当証券はできませんといわれたので、じゃあＭさん出してくださいといったら、もう、出してくれないんですよ。電話しても出ません。今忙しいとか今いませんとか。それまではＭさんとは冗談を言い合うくらい親しくしていたんですけどね。Ｍさんは三十歳過ぎと思いますけど、けっこう実績もあるプロだったと思います。

それから総務課の次長が出てきて、抵当証券は手続きできないように今日通達されましたので、と言うんですよ。そんなバカなという話になって、それからあたふたです」

帰宅したWさんはいても立ってもいられなくなり、何度も電話をかける。そして電話口に出てきた支店長に必死に食い下がり、直談判のアポイントメントを取り付けた。

「何月何日の何時に来てくださいということで、私ひとりで出かけていったんです。当日は、やっぱり怖かったですよ。なんか威圧的なものを感じました。男の人がずっと立っていてじっと見ている中を二階に上がって支店長室に入ったんです。でも、これはなんとかしなきゃいけないというのが先ですよね。

そして、あなた絶対保証するって言ったじゃないですか、と今までのことを全部書いていって、読んでもらって、これは間違いありませんか、と聞いたら間違いありませんと言うんですよ。じゃあ一筆書いてくださいということで署名捺印をいただきました」

その文書には、「この抵当証券の販売にあたってもし山一ファイナンスが潰れた場合、このような状態になることは伝えて売っておりません。でもそれは説明すべきでした。Mに責任があるというよりも山一に責任があると思っています。このようなリスクがあることを説明せず販売したこと、販売方法に問題があったということを認めます」という記述がある。

Wさんは支店長との電話のやりとりなど、すべて断った上で録音している。

「私がなぜここまでして、電話までテープに録っていたかというと、テレビのサスペンスものというか弁護士ものが好きで、なにか証拠になるものを録らなきゃいけないと思ったんですね。とにかくなにか証拠と、なにか証拠をと思っていたんです。電話でも相手の名前をちゃんと確認するようにして。でも、テープを起こしたものをあとで読んでみてると、私もそうとう興奮していますね」

窓口の説明では、山一抵当証券はうちのものではありません、山一ファイナンスのものですと言われた。

「山一ファイナンスなんてまったく知らないんですよ。説明もなかったですし。ただ山一證券がこうやって売っているのだから山一のものだという感じです。

でも、そう言われたから、山一ファイナンスに電話したんです。すると、最初から、半分も返りませんって言われました。これを売ってみなさんにお支払いするには時間がかかるし、全額は絶対に返らないと思ってください。半分も返らないと思ってくださいと。絶望的なことを言われました」

それからWさんは走り回った。誰に相談していいのか、どうすればいいのかまったくわからないので、新聞記事を切り抜いて、そこに書かれている組織にどんどん電話し、訪ねていったのだ。

「松山の生活消費者センターにも行きました。そうしたら、『奥さん、これは勉強代じゃと思ってください、こんなんは返りませんから、あきらめてください』と言われました。もうダメなのか、と思ったんですけど、裁判所にも行きました、高松の金融機関を監督する機関にも行きました。弁護士事務所にも行きました。いろんなところを走りましたよ。手紙もいろんなところに書きました。山一ファイナンス、抵当証券保管機構。書いた証拠にコピーもとって。山一證券にももちろん書きました。返事は来ません」

半年間、Wさんはひとりで闘った。だけどどこへ行ってもはかばかしい成果はない。だんだん無気力になっていく自分に気づき始めた。

「じゃあこの六〇〇万は私はどういうふうにして払おうかと思ったんです。私は無収入ですし、これをどうしたらいいのかと悩みましたよ。自分がこれだけのものを損したんだと。家族全体もどーんと沈んでましたね。かといって主人や子どもはまったく私を責めるでもないんですよ。あー困ったねというくらいで。もちろん、内心は六〇〇万なくなったのかと思っていたでしょうけど、そういう人なんです。だから余計に私がひとりバタバタとしていたのかもしれません」

山一證券被害弁護団が結成されるという話は、徳島に行っている息子さんが知らせてくれた。

「松山の新聞には出なかったんですよ。そしたら、徳島に行っている息子が、お母さん、今日の朝日新聞見てごらんというので、そこで知ったんです。これでなんとかなるかもしれないと思って、すぐ電話しました。

最初は、自分がこんな裁判に加わるなんて思ってもみないじゃないですか。世間一般では弁護士に頼んで裁判なんかしたらそうとうお金がかかるなんていう先入観がありますよね。いくらくらいお金がいるんだろうと思って、今度はそっちの方を心配しました。でも着手金なんて微々たるものでほんとうに安心しましたね。これがなかったら、こんな片田舎で何することもできないんですから。ひとりで裁判起こすというのは無理でしょうといわれたし、行く先々の弁護士では言うこともずいぶん違いましたからね

実際に裁判が始まってからは、なんとかなるんじゃないかと思ってずいぶん気が楽に

なりました。それまでがほんとうに辛かったですから。

いちばん辛かったのは、これは山一證券のものじゃないから私たちは知らないって言われた時、返ってこないと言われた時ですね。あなたが売ったじゃない、あなたがいいといって売ったんじゃない、って思いましたよ。

結局Mさんは、いちばん最初に行った時に、『抵当証券については支払いができなくなりました』という文書を私の前で読み上げただけです。なんのことかはわからないんですけどと言いながら。謝罪の言葉というのはひとこともなかったです。

結果的には、直接私に売った人たちを責めたけど、みんなで裁判を起こしたことで、個人攻撃はしなくてすんだことはよかったとも思います」

それにしても、抵当証券がこんなに怖いものだとは思わなかった。

「こうなってみてはじめて、抵当証券の抵当が、家が抵当に入っているとかいってたあの抵当と同じものだということを知ったんです。あの抵当なんだって。私は、漠然と『中国ファンド』みたいな単なる名前としてとらえていたんですね。

もう金融商品はこりごりです。絶対しない。うちの子どもたちもたぶんそうでしょう。天から降ってきたお金じゃないですからね。主人も五年くらい前に身体を壊しまして、その主人の身体を痛めてのお金だから、ほんとに大事に思うんです。子どもが三人、進学、就職、結婚と、ちょうどお金がかかる時。その日のためにおいてあったお金ですからね。いざ使おうと思ったら、ありませんというのではあまりに酷い。

ドラマの世界ではいろいろみてますけど、それが自分の身に降りかかってくるなんて夢にも思っていなかった。私、意外と固いといったら変だけど、きちんきちんとしているので有名なんです。変な話に乗らないとか。まさかこんなことになっているなんてと、みんな驚いています。

山一がおかしくならなければなんともなかったことなのかもしれませんけど、トップに立つ人はそれで泣く人がいないような経営をしてほしいと思います。少なくとも山一という看板をしょってるんだから、詐欺まがいというか、売っておいてそれはうちの商品じゃないですよなんて、もう子どもが私じゃないよあの子がやったんだよっていうのと同じでしょう。野澤社長が泣いているのをみても白々しいという感じよね。

今まで、どこかの金融機関が潰れたといっても人ごとみたいでしたけど、山一以降は、どこかが潰れたというニュースを聞くと、また闘いが始まるのか、と思いますよ」

ここに原告一〇〇〇人以上から集めた陳述書の内容を集計したデータがある。そこからは被害者たちの最大公約数が見えてくる。いくつか項目を抜き出してみよう。

●購入の動機は？

1　老後のためです　七九四人（五七％）

2　特に使用目的はなく安全に貯蓄するため　二八八人（二〇・七％）

●購入資金はどう用立てましたか？

1　山一證券と取引していた金融商品を払戻したり預け金を回しました　七二〇人（四三・六％）

2　山一證券以外の金融機関の定期預金、定額貯金を解約しました　六五一人（三九・五％）

●購入のきっかけは？

1　他の用事などで山一證券の窓口を訪ねた際勧誘されました　五四三人（三八・五％）

2　自宅もしくは勤務先に電話をしてきた人から勧誘されました　五四〇人（三八・三％）

●他の金融商品ではなく抵当証券を購入した理由は？（複数回答）

1　元利保証の安全確実な商品だから　一〇〇七人（七二・三％）

2　高利回りだから　六三〇人（四五・二％）
3　山一證券の商品なので大丈夫だから　五九七人（四二・九％）
4　一年満期で運用しやすいから　五二四人（三七・六％）

●最初に申し込んだ時モーゲージ証書の発行は？

1　山一證券だと思っていました　一二六七人（九一・七％）
2　山一ファイナンスだと思っていました　一一五人（八・三％）

●一回目の購入申し込みまでに抵当証券の仕組みについては？

1　説明されませんでした　一三六六人（九九・一％）
2　説明されました　一二人（〇・九％）

そんな被害者たち一万人の人生が一斉に思いもよらない方向に向かって大きく動きだしたのは、一九九七年十一月二十四日、山一證券が自主廃業を発表したその日のことだった。

第三章

組織犯罪

山一が消えた日

その日、TVのニュース番組では、泣きながら頭を下げる男の姿が何度も何度も繰り返して映し出されていた。

「私らが悪いんであって、社員は悪くありませんからっ」

その瞬間、カメラの放列がストロボの光とシャッター音を一斉に浴びせかける。記者たちは男の思いがけない反応に思わず言葉を失った。

マイクを握り、唇をふるわせて嗚咽するその男は、この三カ月前に山一證券の社長となった野澤正平である。四大証券のひとつといわれる名門、山一證券の最期を告げる記者会見のなんとも無様な幕切れだった。

一九九七年十一月二十四日、勤労感謝の日の振り替え休日にあたる月曜日、東京証券取引所。その記者会見は午前十一時半から行われた。野澤社長の横に並んでいたのは、会長の五月女正治、顧問弁護士の相澤光江である。主なやりとりは次のようなものだった。

――自主再建が不可能と判断したのはいつか。

野澤　昨晩（二十三日夜）だ。二十一日から役員全員で討議した。会社更生法も検討し、専門家にもお聞きしたが、難しいとのことだった。二十四日朝六時の取締役会で正式に決めた。

――債務は。

野澤　現段階で二六四八億円。内訳は国内一五八三億円、海外一〇六五億円だ。

相澤弁護士　これらは簿外債務にあたる。国内では、「飛ばし」などで発生した損失を子・孫会社が引き受けた。海外は為替取引の損が六割、「飛ばし」などによる損が四割だ。簿外債務はこれ以外になく、債務超過になることはない。

――簿外債務の存在をいつ知ったのか。

野澤　八月十日に社長に就任し、前経営陣から「とにかくいろいろあるけど頼む」と言われた。その後、各部長を面接しているうちに含み損があるような感じを受けたため、徹底的に調べるよう指示した。その結果の報告を受けたのは十一月中旬だ。

――現在の心境は。

野澤　このような結果になり非常に残念。七五〇〇人の社員とその家族を思えば耐えられない。

――資金繰りはどういう状況だったのか。

五月女　連休前までは週明けの資金繰りについてはまだなんとかなるという気持ちがあった。ただ、二十一日の格付けの引き下げによって資金繰りが相当厳しくなると判断し、最終的に本日の自主廃業申請の決議に至った。

――社員にどう説明するのか。

ここで冒頭の号泣シーンとなったわけだ。

この記者会見で、山一證券は、莫大な簿外債務が判明し、株価急落による信用不安の増大で資金繰りが行き詰まったことを、自主再建断念の理由として説明している。会社更生法の適用申請を断念した理由については、国際的に大規模な信用取引を行っている同社の資産が同法で保全されると「大混乱が起き、日本の信用が失われる」ことを挙げている。

もっとも、その大混乱＝日本発の金融パニックをいちばん恐れていたのは大蔵省であり、山一證券に自主廃業という引導を渡したのも大蔵省だったのだが。ともかく、負債

記者会見で泣きながら頭を下げる野澤社長（1997年11月24日）共同通信社提供

総額およそ三兆五〇〇〇億円、グループ全体で約一万人の社員と二四兆円近い預かり資産を抱える巨大証券会社が、ここに百一年の歴史を閉じて崩壊することとなったのである。

崩壊の最終章は十一月六日から始まった。米国の格付け会社であるムーディーズ・インベスターズ・サービスが、山一債の格付けを引き下げの方向で検討と発表したのである。翌日から山一株は急落した。バブル崩壊以降、長期低迷していた山一の株価はここにきて一気に危険水域に突入したのだ。

それを受けて、「飛ばし」による巨額の簿外債務が隠されている、経営破綻するのも近い、といった噂が公然と市場を飛び交う。情報に聡（さと）い投資家たちは山一から株式や投資信託を引き出し始める。資金繰りは逼迫しつつあった。

十四日の午後一時、野澤社長らはメインバンクである富士銀行本店に山本恵朗頭取を訪ねて、再建計画への前面支援を請う。だが山本頭取の回答は「富士銀行が損を被ることはできない。全面協力ではなく、限界ある協力と理解してもらいたい。つまり、担保に見合った範囲で力になりたい」というきわめて厳しいものだった。事実上の支援打ち切り通告ともいえた。

この日、山一の株価は一時、前日比二七円安の九六円にまで下落する。

同日午後六時、野澤と藤橋忍常務は大蔵省を訪問。富士銀行に見放された今、頼るところは大蔵省しかなかったのである。野澤は長野厖士証券局長に対して、二六〇〇億円の「含み損」があること、会社再建策に対する富士銀行の対応、そして資金繰りが窮していることなどを伝えた。長野は「もっと早く来ると思っていました。話はよくわかりました。（会社更生法の適用申請をした）三洋証券とは違うので、バックアップしましょう」と答えたという。野澤は大蔵省による救済を確信した。助かった、と。

しかし、それは甘かった。十七日には北海道拓殖銀行が経営破綻。金融市場は「拓銀の次」を見極めようとパニックの様相を呈していた。怯える金融機関は山一との取引を縮小し始める。市場は急変しつつあった。さらに、山一が進めていた外資との提携、クレディ・スイスが交渉打ち切りを最後通告。メリルリンチとの話し合いも暗礁に乗り上げる。

十九日、午前十一時三十分、野澤と藤橋は大蔵省に長野証券局長を訪ねた。この日、長野はいきなりこう切り出したとされる。

「感情を交えずに淡々と言います。自主廃業を選択してもらいたい。社長に決断していただきたい」

茫然とするふたりに向かって、長野はさらに厳しい言葉を重ねる。

「金融機関としてこんな信用のない会社に、免許を与えることはできない」

長野はタイムスケジュールまで示し、証券市場を混乱させない努力をするように迫った。野澤は「局長、なんとか助けてください」と何度も頭を下げた。しかし、長野は黙っているだけだった。

もはや破綻は避けられなかった。しかし、野澤は会社更生法適用による会社の生き残りに望みをつなぐ。同日午後、相澤弁護士の新東京法律事務所で、明朝一番で東京地裁に「会社更正の事前相談」の申し入れを行うことを決める。夜の十時から翌午前二時まで緊急の役員懇談会を開催。この時初めて、野澤から役員に対して、おおむね二千数百億円の含み損があることが述べられている。しかし、大蔵省から自主廃業の選択を迫られていることとの報告は行われなかった。この日、山一證券の株価がストップ安の五八円まで下落した。

二十日午前九時四十五分。山一證券の顧問弁護士である三宅省三弁護士と相澤光江弁護士が東京地裁民事八部に赴き、山一證券について会社更正法適用についての事前相談に乗ってもらいたいと申し入れる。これに対して「相談は受け付けられない」と回答される。さらに「飛ばしがあると会社更正は難しい」「大蔵省の強い協力がないと難しい」という見解も非公式ながら伝えられた。

同日十時四十五分には三宅弁護士、相澤弁護士、野澤社長、藤橋常務の四名が、大蔵省の長野証券局長を訪問。更正法申請の協力と、大蔵省が二十六日に予定している簿外損失の発表延期を申し入れるためだった。この時、長野は次のように発言している。

「昨日、自分と野澤社長が会って話したことが代議士周辺から漏れている。山一から漏れたとしか考えられない。二十六日まで待てない。二十四日にも大蔵省が発表するので準備をしてほしい。そうしないと、山一の株を買った投資家から損害賠償を起こされますよ。顧客の資産の払い戻し資金については、大蔵省主導で特別の金融措置をとるつもりである、これらのことは、内閣の判断です」

「会社更生法はだめですか」という三宅弁護士の問いかけに対しては、

「会社更生法を適用する場合は顧客資産の保全措置がとれない。二十四日には大蔵省として飛ばしを発表し、業務停止を命令する予定である」と答えた。

最後通告だった。

二十一日午前八時半。山一證券本社一五階の役員会議室で定時取締会。当初予定の議事終了後、含み損公表について議論となったが、結論は出ない。夕方五時頃、米国の格付け会社ムーディーズ・インベスターズ・サービスが山一の格下げを発表する。社債の格付けがＢａａ３からＢａ３へと、一気に三ランク下がり、日本の大手金融機関としては初めて「投資不適格」に転落したのである。週明けの資金調達は絶望的になった。すでにこの日の朝、東京都内の山一證券支店で富士銀行からの資金供給が一時的にストップし、午後一時までパニック状態になっている。

その日の夕方には、中央区新川にある山一本社前には、報道陣が集まる事態となっていた。午後七時から取締役会再開。プロジェクトチームで策定した会社再建策の概略が説明されたが、大蔵省から自主廃業の選択を迫られていることについては、未だ報告されていない。含み損については休日開けに再建策とセットで開示すること、会長と社長が連休中に資金繰りのため懸命に働くことが決められ、会議は午後八時二十五分に終了する。

二十二日、土曜日未明。日本経済新聞が「山一證券、自主廃業へ」という速報を流し始めた。午前三時半頃には、国会や官邸の記者クラブも騒然とした雰囲気になった。午前四時頃から役員の呼び出しが行われ、午前八時から臨時取締役会を開催。野澤はここで初めて詳細な経緯についての報告と、自主廃業以外の選択肢はきわめて難しい状況にあるという説明がなされた。

午前十時半からは大蔵省で長野証券局長が記者会見を行う。

「山一に巨額の簿外債務が存在する疑いがあり、必要な情報開示を求めた。簿外債務は二〇〇〇億円を上回る。山一の経営体制は同社が検討中で、報告はまだない」

二十二日から二十三日にかけて、山一では役員が対応を協議する。このままでは連休明けの二十五日に取付騒ぎが起こることは必至だった。二十三日午後七時、野澤は「明日、自主廃業に向けて決議をしたい」と発言する。

翌二十四日午前六時、臨時取締役会。自主廃業に向けた営業停止が正式に決議された。わずか三十分の会議だった。その後、野澤らは車で会見場の東京証券取引所に向かった。

この日の午前中、山一證券が取締役社長野澤正平名で大蔵大臣に申請した「自主廃業に向けた営業休止届出書」には次のように記されている。

「長期にわたる証券市場の低迷の中で、日本版ビッグバンの本格化という環境の激変期を控え、弊社は業績不振が続いてまいりました。この状況を打開するために、合理化策を推進するとともに、経営資源の重点分野への投入など、経営改善に鋭意努めてまいりました。

しかし、本年七月の当局（東京地検特捜部と証券取引等監視委員会）の強制捜査（総会屋への利益供与容疑を受けたもの）を機に当社の信用が損なわれ、残念ながら、最近の株価の急落、弊社格付けの低下によって、急速な信用の収縮に襲われることとなりました。そのような中で、当社が負担すべき含み損約二六四八億円があることが判明いたしました。平成九年十一月二十四日の取締役会で、この損失部分は当社に帰属するものであることを認識し、損失分を当社が負担する旨決議いたしました。この結果、自己資本規制比率は一二〇％を大幅に下回ることとなります。

このような状況から、現在のままで業務を行うことは困難だとの判断に至り、平成九年十一月二十四日の取締役会で、自主廃業へ向けて営業の休止を決めたものです。」

野澤社長の号泣記者会見に先立つ午前十時半、大蔵大臣の三塚博と日銀総裁の松下康雄がそれぞれ記者会見し、日銀が山一に無担保・無制限の特別融資を実施することを発表する。つまり、「債務超過ではない」という前提のもとで、日銀特融によって顧客資産保護に「万全の」体制をとるというのである。

——政策委員会で日銀特融の発動は。

松下日銀総裁　全会一致で決定した。

——海外の中央銀行との連携は。山一の海外拠点はどうなるのか。

総裁　市場の混乱を避けるために適切に海外諸機関と連絡している。山一の海外拠点は今後、円滑に整理、閉鎖する。

——簿外債務の額は確定しているのか。

総裁　大蔵省、証券取引等監視委員会が現在検査中だ。山一からは九月末で三〇〇〇億円を超える資本勘定があり、債務超過には陥らないとの報告を受けている。

——公的資金導入については。

総裁　不良債権問題の抜本的解決について財投資金導入論があることは重く受け止め、広く論議が行われることを期待している。

——特融の対象範囲は。

総裁　山一本体に伴って廃業になる子会社は、本体に一括して必要資金を供給する。対象は、法的に関連のある子会社に限ることになるだろう。

――日銀特融を決める四条件を満たしているのか。

総裁　預かり資産返還などを円滑に行わなければ、市場の混乱を招く。また、顧客資産の返還時には多額の負担が生じるため、日銀特融は不可欠だ。廃業、解散を決めているのでモラルハザードの防止も保証される。債務超過の状況にはないので、健全性もクリアしたと判断した。

――証券会社の破綻では金融システム不安は生じないという見解だったのでは。

総裁　決済機能を持たない証券会社は、破綻しても市場に大きな影響は与えないと考えている。ただ、山一は大規模。きわめて異例な措置だが、対応しなければならないと判断した。

とにかく、金融不安の波及はなにがなんでも回避しなければならなかった。日本経済は山一證券の破綻で悲鳴を上げていた。日本発世界金融恐慌というシナリオがにわかに現実味を帯びてきたのだった。

十一月三日の三洋証券破綻を皮切りに、十七日には北海道拓殖銀行が破綻。後に「魔の十一月」と呼ばれた一九九七年十一月の日本の金融システム危機は、四大証券の一角、山一證券の経営破綻で、その頂点を迎えることとなる。

なぜ山一が潰れたのか？

では、なぜ山一證券はこのような状況に至ったのだろうか。

破綻後の九七年十二月に発足した「山一證券株式会社社内調査委員会」がまとめた「社内調査報告書——いわゆる簿外債務を中心として——」は、その最大の原因を「簿外債務」の存在だったとしている。

簿外債務とは、債務隠しであり、粉飾決算にほかならない。この巨額の簿外債務は、「飛ばし」と呼ばれるトリック操作によってふくれあがったという。

その芽は八〇年代後半のいわゆるバブル期に生じている。

当時、財テクブームが日本を席巻し、有価証券による資金運用が一般化した。山一證券も営業収益を大きく伸ばしたが、証券大手三社は山一以上の好成績を上げ、さらにその差が広がる。当時の横田良男社長は収益格差縮小に躍起になって、「取らねば取られる」と現場にハッパをかけ続けた。

そこで営業が他社以上に力を入れたのが「営業特金」である。特金とは特定金銭信託の略で、委託者が信託銀行に金銭を信託し、売買する有価証券の銘柄や数量、単価を委託者が決定し、信託終了時には原則として金銭が交付されるというものである。営業特金はこの特金の形態をとりながら、投資家や投資顧問会社に代わって、事実上、証券会社の営業部門が運用を行う場合の俗称だ。営業特金は特金の一種であるため、会計上、企業がすでに保有している有価証券の簿価と切り離して売買することができ、投資顧問会社を通さなければ運用アドバイス料もかからない。

証券会社にとっては、運用が事実上任されているため、売買を繰り返せば繰り返すほど手数料収入が増えるというメリットがあった。億単位で資金を預かるため、手数料も膨大なものになる。一方、顧客企業にとっても、手数料のコストはかかるものの、株価が上昇を続ければそのコストを吸収してあまりある運用利益が得られるというわけだ。当時は株価が右肩上がりの上昇を続けていたため、誰もがその上で踊り続けたのである。

企業側はプラスアルファの利回りを期待する。証券会社は、その期待に応えなければ競争に勝てない状況になっていた。山一の営業は、契約を獲得するためいわゆる「にぎり」行為に手を染めるようになる。「必ず儲けさせます」と高水準の利回りを約束して契約を取り付けたのである。こうして開設された「にぎり」口座は、運用内容は一任そのものとしかいいようのないものも多く、約束した利回りが決算期などの運用期限までに達成されない場合には、他の顧客企業を巻き込んでの損益調整売買などで利益を捻出するようになっていった。さらに運用資金が増加するに従い、こうした調整は担当者レベルで処理できる範囲を超え、部内の他の顧客企業を利用するなど組織的な対応が必要となってきたのである。

当時、とくに活発に営業特金を扱い、社内の運用資金獲得競争のトップを走ったのが、後に山一ファイナンス社長となった高木眞行が部長を務めた第一事業法人部だった。

ところが、八七年九月、債券市場でタテホ・ショック（大証一部上場のタテホ化学工業が債券先物相場で失敗し、二八〇億円の損失を出した）の暴落が起こる。翌十月はブラックマンデーが株式市場を襲う。山一證券も大きな痛手を被った。当然、「にぎり」の約束をしていた企業からは「損の穴埋めをしろ」とクレームが入る。ここで山一が責任を負わされた損失額は一気に一〇〇〇億円前後まで膨れ上がった。

さらに、含み損の生じた営業特金を別の企業に移し替える「飛ばし」も始まる。飛ばしとは取引先企業の有価証券評価損を表面化させないための操作である。簡単にいえば、損失を抱えた有価証券を企業間で転売することによって、転売した企業の決算書には有価証券の値下がりによる損失は反映されず、実態を覆い隠すことができるわけだ。

たとえば、損失を抱えた有価証券を、証券会社の仲介によって、A社からB社に時価より高い価格で売却する。その際、A社はB社から金利をつけて有価証券を買い戻すことを約束する。B社にとっては大口定期預金などより高い利回りが得られるため、かなり有利な財テクの手段にもなった。

だが、証券会社がA社との間で「にぎり」を行っていた場合、相場の下落で有価証券に含み損が生じると、A社はB社からの引き取りを拒否するケースが多い。しかしB社はそんな「にぎり」とは無関係だ。そうなると証券会社は自ら買い取るか、別の飛ばし先を探さねばならない。自ら買い取れば、それはすなわち損失補塡にあたる。相場が下落する中では、次々に飛ばし先の会社を探さねばならなかった。時には、買い戻しを拒否された複数の有価証券を一緒にまとめて飛ばすこともあり、取引はどんどん複雑化していった。そのうちにどんな経緯で取り引きされたものなのかわからない有価証券が引受先を求めてさまようようなケースも生じた。こうした飛ばしは「宇宙遊泳」と呼ばれている。

飛ばしは繰り返しているうちに、企業に支払う金利が積み重なっていく、有価証券の時価が下がれば、含み損も雪だるま式に膨れ上がるのだ。

ブラックマンデーの半年後、株式市場は暴落前の水準を回復し、八九年十二月二十九日の市場最高値まで一気に上昇する。ただし、山一の営業特金の運用成果ははかばかしく回復しなかった。

この間、副社長だった行平次雄が社長に就任。「にぎり」を使った営業は依然継続された。営業特金の拡大を止めることは、四大証券の一角から滑り落ちることを意味したからだ。複雑にもつれ合った飛ばしを整理することもままならなかった。

九〇年一月、大蔵省は、当時の角谷正彦証券局長名義で、営業特金を禁止する通達を出す。営業特金は損失補塡の温床になるからという理由だった。

バブル末期の九〇年三月期は、山一證券の経常利益は過去最高の二三三六億円となった。しかし、株価は年明けから急落する。企業から集めまくった一兆八〇〇〇億円もの営業特金には、たちまち一三〇〇億円の膨大な損が生じることになった。整理する方法は、損失の顧客負担か損失補塡かの二つにひとつしかなかった。こうした状況下で行平が打ち出した方針は、①客とトラブらない、②粛々と（特金の契約を）引っ張れ、③営業担当者の責任にはしない、というものだった。要するに、難問を先送りして、相場の回復を待つというのである。

この頃、外国債券部でも大きな損失を作っている。九〇年八月の湾岸戦争による為替相場の変動が原因で、為替差益を生み出す多重通貨の取引に失敗。七月にあった四三億円の含み益が十月末にはなんと六四八億円の含み損に膨れ上がっていた。この損失は隠蔽工作によって様々に形を変え、やがて海外での簿外損失となっていく。

九一年夏には、証券不祥事が発覚。損失補填問題を中心にして証券会社に対して激しい社会的非難が向けられた。九月には行平社長の証人喚問が参議院で行われる事態になっている。行平の打ち出した方針ももはや維持できない状況に追い込まれていた。翌年からは事後の損失補填の禁止を盛り込んだ改正証券取引法が施行されることになっていたのだ。

野村証券は強引に半値に下がった株や債権を顧客企業に引き取らせたという。山一の場合はひたすら頭を下げ、お願いします、お願いしますと引き取りを頼み込んだ。しかし、簿価で二〇〇〇億円という額が残った。それはもはやどうにもならない「含み損」だった。丸抱えして簿外に隠蔽することを選択したのだった。

九一年十一月二十四日夕、損失隠蔽のプロジェクトチームによる二回目の会議が開かれた。出席者は行平次雄社長、延命隆副社長、石原仁副社長、三木淳夫副社長、白井隆二常務、小西正純常務、木下公明部長、高木眞行顧問である（高木は損失補填事件の責任を取って十月に顧問に退いていた）。

木下は、法人ファンドで処理できないもの、つまりこれ以上、飛ばせないものが一二〇〇億円ほどあり、これをペーパー会社に引き取らせるという枠組みを示した。それは「有価証券の売買ではなく、山一が顧客企業から金を借りた金銭消費貸借債務について、ペーパー会社が山一の債務を引き受けることに伴う担保物（有価証券）の返還であるから、有価証券は時価ではなく簿価で引き取る」という内容だった。つまり、山一と顧客企業の間には有価証券の売買ではなく金の貸借関係があり、その山一の債務をペーパー会社が引き取る。そしてその担保物が有価証券だという理屈である。しかしながらその実態は、下がってしまった時価ではなく高い簿価で山一が買い取り、その損失を山一の決算書類には計上せず、ペーパー会社に移し替えてしまうということである。要するに明白な粉飾決算だ。これに対して白井は「会計上問題がある。公認会計士に聞いてみる必要があるのではないか」と発言したが、延命が「この方法しかない。公認会計士にノーと言われれば、うちが潰れることになる」とこれを封じた。行平はすでに決断していた。

こうして翌十二月から九二年の三月にかけて、飛ばしの最終受け皿となっていた顧客七社の損失が山一のペーパー会社五社に移された。引き取った有価証券は一七一一億円、その時点での含み損は一一六一億円だった。

その後、決算期が近づくと損失を別のペーパー会社に次々と飛ばして、証券取引等監視委員会や大蔵相の目を欺くという行為が続けられた。その後も相場は下落を続け、損失はどんどん膨らんでいったが、九二年の六月に社長に就任した三木も、ただ相場の回復という非現実的な夢を見ているだけだったのである。無責任体制は順送りに受け継がれていく。経営トップの背任行為、会社ぐるみの組織犯罪はもはや抜き差しならない深みにはまりこんでいた。

九三年二月から三月にかけて大蔵省の定例検査（「平成五年大蔵検査」）が山一證券に対して行われた。その結果通知（同年十月十三日付「示達」）に先立つ六月二十四日夕刻、小川証券局長が三木社長と面談し、次のような意見を述べている。

「かねてより山一證券の経営状況を注視していたが、あらためて官房検査の状況を聞いて由々しい事態であると認識した。どのようにして経営を立て直すのか危惧をもっている。まず、本体の建て直しが第一義で、その後、関係会社を含めたグループ企業体としてどのようにして会社を存続していくのか、四社とか総合証券の枠にとらわれず再建の計画を策定して、九月末までに報告してほしい」

その話のあと、別室で山本証券業務課長から以下のような話があった。

「会社全体の経営管理体制についても、四社という視点から見ると問題がある。モーゲージや法人営業についての監視委員会への対応の仕方を見ても、経営全体の問題意識が薄い。

山一ファイナンスの不良債権の処理について、含み益を活用するにしても、いろいろな問題があるのではないか。

シビアな目で見て、会社のあるべき基本的方策、いわばグループの経営再建策を早急に報告してもらいたい。官房検査の指摘、各種財務指標から見て、本格的に再点検を実施する必要があると思う」

大蔵省は山一の経営状況に対して強い懸念を抱いていたわけだ。しかも、この時点で、抵当証券の発行会社である系列ノンバンク、山一ファイナンスの経営問題についても、大蔵省ははっきりと認識している。

ここで、大蔵省は経営改善計画に関する書面を九月末までに提出するように求めているが、実際に山一が「経営改善計画について」と題する書面を提出したのは十二月になってからのことだった。しかも、策定された計画は、当然というべきか、簿外債務が存在しないことを前提としたものだった。

この「改善計画書」には、山一ファイナンスに関する注目すべき記述がある。それによると山一ファイナンスには不良貸付金の処分損が八八〇億円、特金含み損が一二〇億円、合計一〇〇〇億円の償却すべき資産があること、これを同社の増資および山一土地建物株式会社の保有資産の含み益充当等により、今後十年計画で償却していくというのだ。

九三年十二月十五日付で山一證券が三木社長名で大蔵省に提出した「示達回答書」（十月十三日付「示達」への回答）では、さらに詳しくこの一〇〇〇億円の償却スキームを述べている。ここに山一ファイナンスに関する問題が表面化することとなったのである。

さらにそれから三年後、九六年の七月九日付で大蔵省より出された「示達」は次のように指摘している。

「現在再建中の関係会社山一ファイナンス（株）については、不良債権と認識していなかった貸出金の不良化、担保不動産価格の下落等により、営業貸付金の回収不能見込額が大幅に増加している。また、再建計画上、山一土地建物（株）からの支援金拠出が柱とされているが、不動産価格の下落等により、当該支援金拠出は今後困難と見込まれるなど、すでに再建計画は機能しない状況にあると認められる。したがって、このような厳しい状況を踏まえ、今後の対応方針を早急に検討する必要がある」

この七月九日付「示達」を受け、山一社内ではただちに七月から十二月にかけて、山一ファイナンス、経理部、企画室等の関連部署で頻繁に会議が開かれた。

その締めくくりが同年十二月、都内のホテルで開かれた山一首脳陣の極秘会議だった。はたして山一ファイナンスの損失に見合う一五〇〇億円を山一が負担すべきか、というのがその議題である。すでに野村証券と大和証券は、系列ノンバンクに対して資金提供を行い、不良債権をまとめて償却する方針を発表していた。「山一ファイナンスに一五〇〇億円を提供するくらいなら、その資金で本体の含み損（簿外債務）を先に処理すべきだ」という正論も出た。しかし、その方向には議論は進まなかった。結局、首脳陣は簿外債務の処理よりも、山一ファイナンスへの資金提供を選択する。簿外債務が表面化すること、すなわち責任問題が浮上することを避け、事態を最悪の方向に導いていったのである。

山一ファイナンスへの資金提供というその方針が発表されたのは、日興証券が系列ノンバンクに支援金を拠出するという方針を発表した翌日のことだった。ここでも山一証券は他の三大証券に横並びして、問題解決を先送りしたのである。

翌九七年三月三十一日までに、山一證券から山一ファイナンスに対する一五〇〇億円の支援が実行された。三月期の特別損失に計上した結果、山一證券の期末株主資本は四四三四億円に急減する。もはや含み損を処理する力はなかった。

関係者が苦い表情で振り返るのはいつもこの時点だ。ここで違う道を選択していれば、もしかすると違う結果となっていたかもしれない。

山一崩壊の「最後の分岐点」は、ここにあったといわれている。

抵当証券というシステム

山一ファイナンスは一九七三年十二月、リース業務・融資業務を主たる目的に、ユニバーサル・ファイナンス株式会社として設立された。八四年からは抵当証券発行特約付融資業務を開始し、二年後には一般の不動産担保融資業務にも手を広げている。以後、地価の高騰というバブルの波に乗り、九〇年三月末には、融資残高金四八五〇億八九〇〇万円というピークに至った。

ところが、その直後、バブル経済が崩壊。貸付金は次々と不良債権化し、山一ファイナンスは一転して重い負担を抱えることとなる。九三年四月には親会社である山一土地建物株式会社の支援を前提とした十年間にわたる長期経営計画が策定された。しかし、それも凄まじい勢いで悪化していく経済の流れの中にあってははかばかしい成果を上げることはできず、危機的な経営状況に陥っていく。

前述したように、大蔵省はこうした状況に懸念を示し、その意向に添うような形で山一證券が山一ファイナンスに支援を行ったのだった。

そして九七年十一月二十四日、山一證券が破綻。山一ファイナンスはその余剰資金の大部分、一六四億円を山一證券に預かり金として預託しており、山一證券の営業休止によりその預かり金を山一證券から引き出すことができない状態に陥る。山一ファイナンスの破産管財人草野耕一弁護士が後に述べたところによると、「その結果、山一ファイナンスは九七年十一月二十五日が支払期日となっている三五億円の抵当証券の買い戻しが不可能となり、事実上の破産状態となった」という。

山一ファイナンスが自己破産を申請したのは、その四カ月後の九八年三月のことだった。

山一ファイナンスは最終的に、八人の債務者に合計三六八億円を融資。一方で、約九七〇〇人に合計三二〇億円のモーゲージ証書（抵当証券を一般向けに小口にしたもの）を販売していた。

だが、この九七〇〇人の購入者のほとんどは、山一ファイナンスから抵当証券（モーゲージ証書）を購入したという認識はない。実際、彼らは山一證券の窓口で（もしくは山一證券と電話で――いずれにせよ山一證券を窓口にして）、山一證券の社員から抵当証券を購入しているし、山一破綻にあたっては山一證券の窓口に返還を求めている。

そして、それは抵当証券を直接販売していた山一證券の社員も同じ認識だった。山一證券の元社員たちの話からは、山一抵当証券という金融商品の実態が浮き彫りにされる。

山一證券の元社員Sさんは、すでにバブルがはじけていた九二年に入社。入社当初は、新宿西口にある小田急ハルク内の営業所に配属となり、その営業所が八月に閉鎖された後、新宿西口支店に異動している。

「私がいた部署は投資相談課です。男性社員は個人で営業をやるんですけど、私たちは一般職で営業をするんです。CLと呼ばれていました。カウンターレディの略です。新宿西口支店には、そのCLが二〇人以上いた時期もありますので、規模としては支店の中でも大きい方だったと思います。その二〇人のうちの一〇人が同期でした」

CLは、投資相談課全体として営業成績を上げることを求められていた。新人のうちは顧客がいないので、電話帳、各種リスト、現在取引のない顧客のファイルなどから電話をかけて開拓する。そうこうしていくうちに先輩CLがどんどん辞めていく。寿退社、その他の理由、いずれにしてもCLの回転は早い。こうして、退社したCLの持っていた顧客を引き継ぐことになる。

「最初に外務員試験があって、その資格を取ってはじめてお客さんに販売できるんです。資格には二種類あって、株式と投資信託と債券と累積投資という中期国債ファンドやMMFみたいな金融商品を扱えるものと、ほとんどやらないんですけど信用取引ができるものがありました。

私たちが主に力を入れて販売していたのが投資信託です。男性社員は株の手数料で稼ぐんですが、私たちは投資信託の手数料で稼がなくてはいけない。どうして投資信託なのかというと、手数料が高いからです。債券の手数料というのは微々たるものなんです。基本的には手数料が二%とか三%とか取れる投資信託を売って、それが自分たちの稼いだ売上げになるという感じでしたね。

自分がほんとにいいと思って勧めて、それがうまくお客さんに儲かってもらって、ありがたいと思ってもらえると、ああよかったなと思うんですけど、あの時期の投資信託というのはろくなものがなかったというと変ですけど、あまりいいものはなかったんです。

というのも、株式相場が下がっているのに、その株の入った投資信託を売らなきゃいけないわけですから。株一〇〇%というような投資信託だと、下がるだろうなと思っても、いずれ長い目で見てもらって上がるでしょうとか、上がると思いますとかいう感じで勧めなければならないんですね。

でも、お客さんにしてみればそんなに長い間上がるのを待っていられない。下がったじゃない、どうしてくれるのとか、入社した時からそういう苦情の電話がすごく多かったんです。

だからといって、売れなきゃ売れないでいいわけではなくて、その月にこれだけやらなければいけないとか、この課で何千万売らなきゃいけないとか、そういう数字がありますから。昔はノルマといっていたのが目標というように言い方が変わったんですけど、やっぱりそれはノルマなんですね。それを達成しないと支店が成り立っていかないという計算からそういうものができていますので。

売っていけば、お客さんから出るお金というのは限られているので、やり尽くしちゃうんですよね。ある程度動かしたら限界がくるわけですよ。でも毎月ノルマがくる、自分がちょっとずつ上に上がっていくにつれてやらなきゃいけない額が増えてくる。

それはやっぱり苦しかったですね。ストレスはみんなかなりあったと思います。胃潰瘍になった同僚もいるし。私たちは同期の間で、愚痴を言ったり、慰め合ったりしていました」

では、このようにさまざまな金融商品を販売する彼女たちの研修は、どのように行われていたのだろうか。

「私たちの代から、新人研修は支店単位になったと思います。それまでは、研修センターで東京本部を全員まとめて行っていたようですが。

私は最初、営業所でひとりだったので新宿支店の同期と一緒に勉強会に参加しました。一週間から十日くらいの期間でした。ただ、内容は外務員の資格をとるための勉強の前に基礎知識を学ぶというような感じです。先輩方が来て、株式は誰、投資信託は誰というように説明してくれるんです。でも、こちらには予備知識が全然ないので、そのたかだか一時間半とか二時間、話を聞いたくらいでは、とてもすべて把握できるというわけにはいきません。経済の流れとかそうしたことに対する理解もまったくないところに、そんな情報がどんどん入ってきても、理解するのはその場だけでは難しいんです。

とはいっても、それが終わると、否応なしに実際にお客さんと接する仕事にはいっていきます。お客さんからの電話も取りますし。だから徹底した勉強会があったとはとてもいえません。

もちろん実際に仕事をしていく中では、新しい商品が入ってくると、それはいったいどういう商品なのかということを上司と話したり、説明会があったりというくらいはあるんですけど、とにかく時間があったら稼がなければならないという状況だったので、余裕はありませんでした。

そのうちに外務員試験の勉強を始めるわけですが、だからといって外務員試験が実際の営業するのに関係あるかというとそうでもないんです。みんなもあくまで資格を取るための勉強としか考えていませんでしたし。点数をとるための勉強でした。

あとは、実際にお客さんと接しながら、その都度、教えてもらうという感じです。お客さんから何か聞かれてつまったりすると、横から先輩がこうこうですと説明する。それで、ちょっとずつ覚えていく。見よう見真似で覚えていくんですね。お客さんから聞かれたことは調べて答えなくてはいけないので、それで覚えることもありました」

抵当証券についてもその仕組みを学ぶ機会はなかった。自分で調べる機会もなかった。

「投資信託は売らなきゃいけないものだから、それだけお客さんに話す機会とか調べる機会が多いんですよ。新しい商品が出てくれば、今度は外国株が入っているとか、アジア・オセアニアが中心だとか、株が七〇％で債券が三〇％とか内容によって違ってくるので、調べる機会が多くなるんです。ところが、抵当証券はそういうことがないんですね。

課内での位置づけとしては、こんなものを売っても収入にならないというと変ですけど、手数料がほとんどないんですよ。口銭といっていたんですけど、それがほとんどないので、基本的にはいくら売っても支店の上司には喜ばれない商品でした」（Sさん）

八四年に山一證券大分支店に現地採用社員として採用され、自主廃業により解雇されるまで貯蓄課に所属していたMさんも次のように証言する。

「貯蓄課が扱う商品に関する教育は、新人採用時の新人に対するものと新しい商品の販売時に全員にするものとがあり、いずれも貯蓄課課長が主として行い、それ以外に本社から派遣された人が行ったことも何回かありました。

大分支店が抵当証券を扱うことになったのは、私がすでに採用された後でした。したがって、私は抵当証券に関しては、新しい商品ということで教育を受けたことになります。私たちの教育を担当したのは貯蓄課課長でした。

教育といっても、貯蓄課のコーナーにいる課員全員に対して、貯蓄課課長が、私たちがお客さんに抵当証券を勧める時に使ったパンフレットを利用して抵当証券について簡単な説明を行っただけでした。

課長の説明は、抵当証券の性質としては銀行などが扱っている定期預金と同じで、金利が定期預金より有利というものでした。中期国債ファンドやＭＭＦ等の変動金利商品と異なり確定利回り商品で、確定利回りという点で定期預金と同じという意味です。したがって、大分支店では抵当証券は、確定利回りかつ元本保証商品ということで銀行の定期預金と同じであり、それより利率が有利というのがうたい文句の商品ということでした」（Mさん）

八九年から破綻間際まで山一證券静岡支店証券貯蓄課に勤務していたIさんの場合は次のようなものだった。

「右も左もわからない平成元年一月の入社一日目からいきなりドサリと厚いマニュアルを渡されてこれを読んで勉強しろと言われて放っておかれ、三月には販売資格試験があり、販売にあたっての商品知識が充分でない四月一日にはもう営業に行けと送り出されるような状況でした。

しかし、商品販売に際してお客様に説明するための知識がないと自分自身が困り、営業成績も上がりませんので、それぞれが独学で知識を習得してなんとか対処していました。私はそのような会社の教育体制に疑問を感じ、個人的に何度となく上司に対して勉強会を開いてほしいと改善を求めましたが、まともに取り合ってもらえませんでした。

そのような中で、私ども販売員に特に商品知識が不足していたのが抵当証券でした。

正直に言って、不足というよりも皆無といった方が適切だと思います。ほかの商品については指導・研修はないものの独学のための資料には不足しませんでしたが、抵当証券に限ってはそのような資料も一切与えられず、商品知識を得ようにもその手がかりとしては顧客にお渡しするパンフレット以外のものは存在しませんでした」（Iさん）

新宿西口支店には、毎月一回月初に、抵当証券の販売額が振り分けられてきた。CLの中からひとり抵当証券係となり、今月は販売する額がいくら振り分けられて、現在抵当証券を持っている人はどれだけいてというリストを作成、割り当てを課全体で照らし合わせて販売していくわけだ。顧客に対して額が足りない時は、あみだくじで抽選をしたこともあったという。

「抵当証券は、一年間での利率が決まっている確定もので、半年ごとに利息がでる債券ですし、ほかのたとえば中国ファンドなどに比べて若干利率がいいので、安定を好むお客さんには喜ばれるんです。もちろん、抵当証券の実際の仕組みを知らないお客様がほとんどなんですけど、元本保証で、一年満期で、半年ごとに利息がでて、利率も確定金利です、といえば、あらいいわねということになります。

でもいつでも販売できるわけではないので、その支店に入ってきた額からあまった場合に、ほかのお客さんに売れるんです。というのは、一年経ったお客さんは満期になるわけですが、たいていの場合、そのお客さんはまたほしいというんです。

そこで、入ってきた額によっては、前に一〇〇万円持っていれば今回も一〇〇万円取れますけどどうしますかとか、今回入ってきた額が少ないので五〇万円しかとれないんですけどいいですかということになります。

あるいは、満期になった人がもういらないとか、支店に余分に入ってきて、ちょっと余裕がでた場合は、そういう安定ものが好きな方に、こういうものがあるんですけどとお勧めしたり。あるいは、ＭＭＦとか中国ファンドに五〇万円以上お金が入っている人に、このまま寝かしておくんだったら、こちらの方が利率がいいし確定だから一年後にお金が出てきます、一年くらい使わないのであればこっちにしてみますか、とお声をかけて勧めることもありました。

期日が決まっているものなので、それまでになんとか消化しなくてはならないんですけど、だいたいは乗り換えでいっぱいになってしまいます。いつもほしいのにないという人もいますので、あっという間になくなるんですよ。だから販売することに関しては、それほど苦労するものではなかったです。

たまに金融雑誌の記事に抵当証券がいいというようなことが書いてあったりすると、それを持って抵当証券って売ってるんですかといって来る人もいるんです。でもそういう人にはあまり売らない。というのは、私たちにとっては手数料にもならないのに、利率がよくて確定金利のものですから、サービス商品みたいなイメージがある。だから、そんな一見の客にやるもんかという気持ちがちょっとあったんです。

ただ、これはあくまで私たちの感覚であって、たとえば地方のミディさんなどになると歩合制なので、販売姿勢はかなり違ってくるかもしれません」（Sさん）

大分支店のMさんは手数料について次のように証言する。

「大分支店では、私たちの給料は固定給と貯蓄課の扱う商品、たとえば社債、中期国債ファンド、公社債投信などを販売した時の手数料によって決まる仕組みになっていました。そして、他の商品、たとえば九州電力の社債などについては一万円につき三〇円くらいの手数料を販売した課員が歩合給としてもらったのですが、抵当証券については手数料はまったくもらえませんでした。その理由は確かではありませんが、抵当証券は投機性の高い商品を嫌うお客さんに対しても銀行などの定期預金よりも有利な商品として売りやすい商品であると考えられたからかもしれません」（Mさん）

静岡支店のＩさん。

「静岡支店においては、抵当証券は営業担当としては魅力的な商品とはとてもいえませんでした。その理由は、歩合給という点からすれば、他の株式や投資信託の場合は一万円につき三〇円ないし五〇円程度の歩合給が出るのに対して、抵当証券の場合は一万円あたり五円の歩合給でした。また、社内的評価からしても、毎月掲示される個々の販売員の総売上数を示す成績グラフの基礎となる数値にも、抵当証券は含まれないという扱いでした。その意味において、抵当証券は販売員としては営業実績に結びつかないうまみにかける商品であったといえます。

それにもかかわらず、不思議なことに抵当証券は販売員の間で非常に人気の高い商品で、いつも売り切れで半年先、場合によっては一年先頃までも抵当証券予約カードによる予約が入っているような状況が続いていました。

その理由は、投資の安全性を特に重視してリスクを嫌う顧客層の需要があり、他方で単なる預貯金よりはかなり高率の配当が期待できますので、私たち販売員もそのようにどちらかといえば初心者や、比較的資金に余裕が充分ではない顧客層に対しては、正直にいって自分の成績にはならないけれどもお客のためにはよいだろうとの善意の考えから、いわば入門編としてこの商品をお勧めすることが多かったからです。
その結果としてそのようなお客様に投資はそれほど怖いものではないとわかっていただき、自分に対するお客様の信用を増すことになりますので、将来的には販売員の利益にもつながるはずであったのです。それほどに、私ども販売員も抵当証券のことを元本割れの心配のない、安全確実な商品と思い込んで販売していました」（Iさん）

「私がいちばん最初に抵当証券の話をしたのは、まだ小田急ハルクの営業所にいたころですから、入社してまもなくのことでした。先輩に、この人は前にも抵当証券を買ったことがあるから電話してみなさいといわれて、先輩のお客さんに電話をさせてもらったんです。その結果、そのお客さんが買われたかどうかはわからないんですけど、抵当証券の話をしたのはその時が最初です。その時も抵当証券の仕組みについての説明はありませんでしたし、お客さんに対しても、リーフレットに載っているようなものだからということで話が済んでしまったんですね。

売る側の私たちとしても、抵当証券の仕組みをまったく知らないんです。私たちの知識もリーフレット程度です。最初のころは、元本保証とリーフレットに書いてありましたから、お客さんもそれをみれば喜ぶし、私たちも安心する。担保物権がいろいろあるということも知らないし、それによって評価がどうなっているということも知らないし、もちろん個人名の担保があったなんて全然知らないし。リーフレットの端っこのところに法務局がどうこう……と書いてあったりして、ちゃんとしていそうなことが書いてあるんですよ。だから、疑うようなことはありませんでした」（Sさん）

では、山一ファイナンスという会社名が書かれていることに疑問は持たなかったのだろうか。

「投資信託でいえば、運用会社というのがあるんです。山一投信委託という会社がほとんどの投資信託を扱っているんですけど、外国の委託会社もいくつかあって、そういう商品を扱うんです。

そんなこともあったので、山一ファイナンスというのも、同じ系列の会社だということは知っていましたし、とくにそれがどういう会社なんだろうということはまったくありませんでした。もちろん親会社は山一證券だし、同じグループの商品だから、ちゃんと管理されているはずだと思い込んでいたんですね」（Sさん）

この点についてのMさんの証言は次のようなものだ。

「私たちは元本を保証しているのは山一ファイナンスなんだということは認識していましたが、しかし、私たちは山一ファイナンスは山一證券グループの会社で、山一證券とは別に山一ファイナンスだけが倒産して抵当証券の元本保証に問題が生じるとは考えられませんでした。私たちは山一證券と山一ファイナンスとを特に区別して考えることはなかったのです。

実際、山一證券が自主廃業する一年くらい前に山一ファイナンスの経営状態が悪化するという事態が発生しましたが、大分支店では、山一ファイナンスに資金援助するために、大分支店が保有する大分銀行の株式を売却するということがありました。この時の支店長の説明では、全国の各支店が同じようなことをして山一ファイナンスを支援したことから、山一ファイナンスはもう大丈夫だということでした。私たちには、山一證券がグループ会社である山一ファイナンスを援助することは当たり前のことだったのです」（Mさん）

Sさんは九六年の十二月いっぱいで山一證券を退社している。四年九カ月という在職期間は、ＣＬとしては長い部類だ。

「会社全体に対してどう思うというようなことはあまり考えたことはないですね。誇りのようなものはなかったです、たぶん。会社のために頑張ろうというよりは、お客さんとの付き合いの方が多くなっていくので、お客さんのために頑張ろうというような気持ちになるんですよ、お客さんに喜んでほしいとか。それをドライに割り切って、会社のために頑張るという人もいたかもしれません。営業の男性社員なんかはもちろんそうだと思うんですけど。

お客さんと担当者の間でも、合う合わないということがあるんです。私はどうしても男の人が苦手で、おばあちゃんとか女性のお客さんと続いていくことが多かったんですよ。ＣＬはわりと回転が速いので、担当になったと思ったらすぐいなくなっちゃうことも少なくないんですね。だから担当になった挨拶をすると、あなたは辞めないでねといわれるんです。私は四年九カ月いたから、その中ではわりと長い方だったんです。

だから初めの方から長く続いたお客さんにはずいぶん信用してもらって。そういう信用関係の上に商品を買ってもらったりとか、売買が成り立っていたとかしていたんです。とくにおばあちゃんのお客さんには、悪いことはできないし、変なものも持たせられないし。
でもそういうおつきあいができたお客さんもほんの一部なんですよ。投資信託を売ったら下がっちゃって、ものすごく怒ったお客さんもいたし。そういうお客さんからは、申し訳ないと思いながら逃げるようにしていたこともあります」（Sさん）

退社したのは破綻の前年にあたる。辞めたとはいえ、Sさんは同期入社の女子社員たちと仲がよく、その後も度々会社に顔を出しては、帰りに一緒にお茶を飲みにいったりしていた。

「潰れる直前ですらみんな潰れるって知らなかったんですよ。それ以前にも不祥事を起こした時に、衛星放送で社長の話を流したりしていましたけど、私たち下っ端はそれについてどうこうというのが別になかったし。まして、上でそんな複雑なことが行われていることは知らないので、まさか会社がダメになるなんてことは夢にも思っていなかった。

どこかで怪しいなということはあったかもしれません。でもそれは営業の課長止まりの話で、なんか最近、課長おかしいよねとか、昨日おかしかったよねくらいで。
私は辞めたあとも、いろいろ社内の状況は聞いているんですけど、潰れる前日ですら、みんなそんなことは全然知りませんでした。みんな朝のニュースで知ったんですよ。朝のニュースを見て電話かけてきて、潰れたっていってるよって」（Sさん）

破綻は衝撃だった。

「でも、あの会見の時に、資産はみんな安全です、お客様にお返ししますといったでしょう。じゃあ大丈夫だと思ったんです。株については自己責任で買っているだろうし。ただ、山一の転換社債に関しては今後どうなるのか、これはまずいぞと思いました。転換社債（一定期間内に一定条件でその会社の発行する株式に転換できる社債。ＣＢともいう）は会社が潰れた時に評価がゼロになるからです。でも、抵当証券については、全然気にもとめていなくて。当然、返ってくるとばかり思って安心していたんです。

ところが、休み明けの日に同期から電話がかかってきて、出るはずの抵当証券のお金が出なくなったというんです。最初、一部で出したらしいんですけど、やっぱり出ないらしい。でもこれからどうなるかわからない」（Sさん）

Ｉさんにとっても山一破綻は寝耳に水だった。

「その結果、抵当証券の顧客の方々に元金がまったく戻らなくなるなどということは、それまでそうした危険性について会社からの指導や情報提供は全くなく、私たち販売員も予想もしなかったところです。そのようにして廃業直前まで私たちに売らせておいて、山一證券が何の責任も取らないというのはおかしなことです」（Iさん）

このような状況が続いたことに納得のいかなかったIさんは、会社のパソコンから野澤社長に対して抗議文を電子メールで送った。だが、回答はなかった。

「一カ月、二カ月と、扱いがどうなるかという説明がないままの状況がいつまでも続いて。抵当証券と転換社債がどうなるのかはっきりしない。

私は転換社債はどうやらダメじゃないかと思っていました。発行額も多いし。山一の転換社債については潰れる前はどんどん値段も下がっていたし、でも潰れるなんて誰も思っていないから安くなった時にずいぶん買わせたらしいんですよ。それで破綻して真っ青になった同期もいたんです。だけど翌年の一月には転換社債が繰り上げ償還されることになった。そうなっても抵当証券の話はでないんです。

だってああやって元本保証といって売っていたんだから、返してもらわなければ、私たちだってどうなるんだという気持ちもあったし。そうやって私たちが売っていたことも会社側は知っていたわけだし。

毎月でてくる利息を頼りに生活をしていた人もいるし、償還されるお金を支払いに充てていた人もいるんですよ。確定利率といって売っていたものだから、その利息をあてにして生活していた年金生活者のような方とか。おつきあいしているうちに、自分の事情を話してくれたりするようになるわけですよ。資産管理という意味で頼ってくれる人もいました。一年後に必ず返ってくるということでお話しをしていたので、あてにしていますよね。私が抵当証券を売ったお客さんで、アパートとかマンションを建てるための支払いに充てるんだとおっしゃっていたなあとか、この時期に思い出したりしていました」（Sさん）

そんなある日、Sさんは新聞記事で山一抵当証券問題一一〇番が設置されたことを知る。説明会にも参加したSさんは、そこではじめて山一抵当証券の実態と、今後の見通しを知ることになったのだった。

「これは大変だと思いました。それでもまだ全貌は明らかではなくて、このままではほとんど返ってこないと言うことがわかっただけですが。それまで会社がなんとかしてくれるという甘い考えがどこかにあったんですね。でも、もうそんな状況ではないんだということがわかったので、同期に電話をしてまずいんだよと言いました。そこからお客さんに連絡を取ってもらって、その中には第一次提訴に参加した人もいます」（Sさん）

その後、Sさんは山一抵当証券被害弁護団事務局の仕事にボランティアとして協力することになる。

では、買った側も売った側も知らなかった山一抵当証券の実像とはどのようなものだったのか。できるだけわかりやすく図式化してみよう。

山一ファイナンスが、いくつかの企業や個人に対して長期大口の融資を行う。早い話、金を貸すわけだ。借りた企業や個人は原債務者と呼ばれる。そして、山一ファイナンスは、金を貸した際につける不動産担保物件などの貸付債権について、「抵当証券」の発行を登記所に申請する。つまり、借金のカタとなった不動産物件に対する権利を有価証券化するわけである。審査を経て交付された「抵当証券」は、山一ファイナンスから財団法人抵当証券保管機構という機関に預けられる。抵当証券保管機構は保管証を発行する。これは二重売りやカラ売りなどを防止する法的措置だ。

続いて、山一ファイナンスは、この「抵当証券」を小口に分割する。「抵当証券」そのものは額面額がきわめて大きいからだ。この小口に分割したものがモーゲージ証書である。一般市民が購入した抵当証券とはすなわちこのモーゲージ証書のことなのである。モーゲージ証書を発行したのは山一ファイナンスだが、実際に、窓口で購入申し込みを

山一抵当証券のしくみと関係図

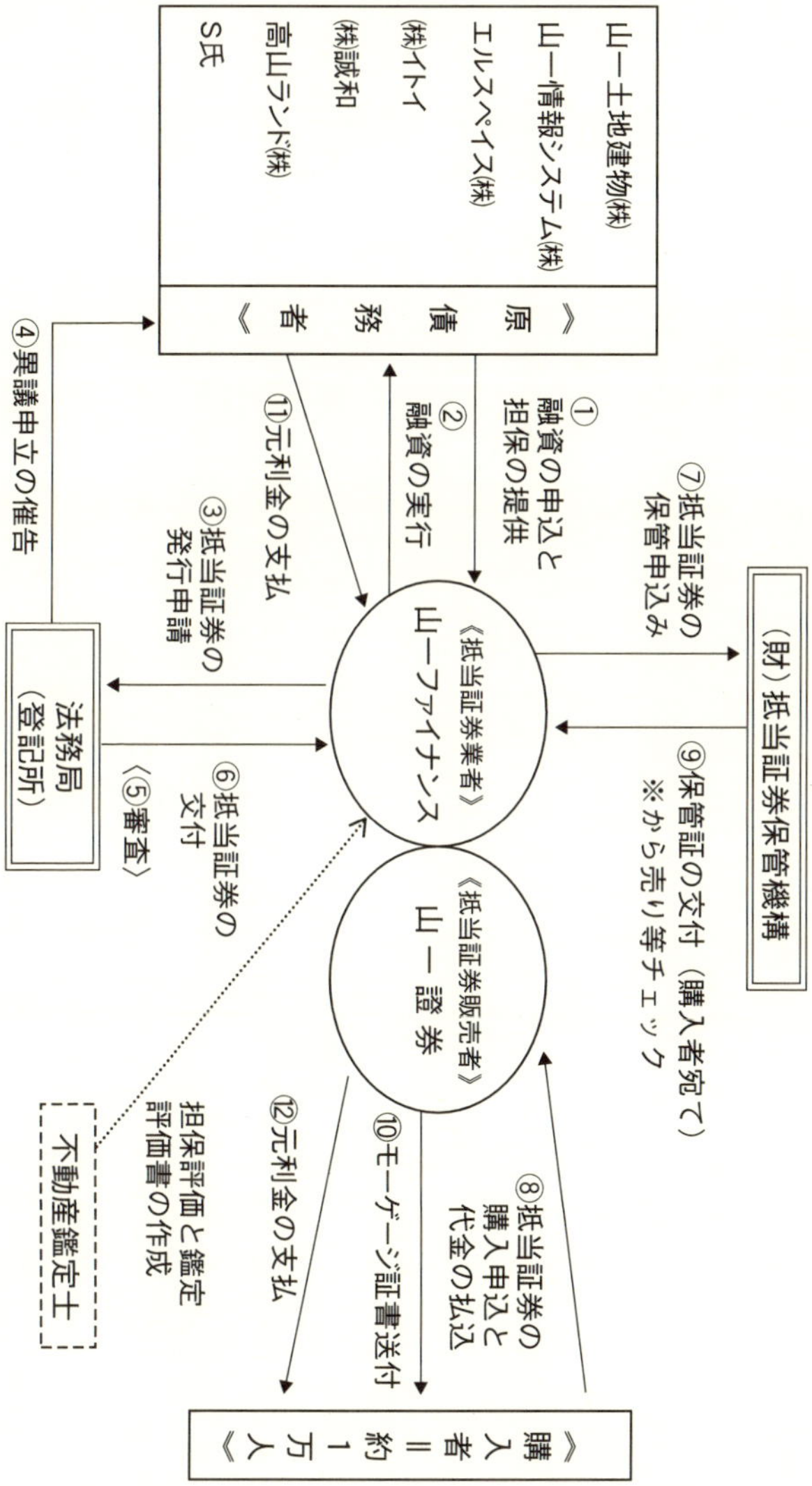

※丸数字は抵当証券の発生から、購入者に弁済が完了するまでの経過を順に示しました。

募り、代金の払い込みを受け、満期時に元利金の支払い等を行ったのは、すべて山一證券だった。ということは、山一ファイナンスが抵当証券業者、山一證券が抵当証券販売者ということになる。

ただし、このモーゲージ証書（以下、紛らわしいので抵当証券という。本来の意味での抵当証券は「　」でくくる）を購入した一般の人々の認識の中では、山一ファイナンスという会社名は希薄だった。というのは、証書にその名が記されている以上のものではなかったからである。彼らが購入した抵当証券は、あくまで、山一證券が販売していた金融商品のひとつというものだった。

まして購入者の認識に、山一ファイナンスの先にいる原債務者の存在などあろうわけがない。購入者は原債務者がどこの会社か、担保不動産がどこかまったく知らされないまま、山一ファイナンスから特定の小口化した抵当証券を割り当てられるのだ。実際、たとえ、購入する際に具体的な原債務者や担保不動産の内容を知ろうとしたとしても、知ることはできない仕組みになっている。プライバシー保護という理由だ。

それでも、抵当証券業者が破綻しなければ、購入者は不利益を被ることはない。たとえ原債務者が元利金の返済を怠ったり、破産などで返済できなくなっても、抵当証券業者が購入者に対する支払いを保証することになっているからである。

では、抵当証券業者が破綻した場合はどうなるか。その場合は、抵当証券保管機構が購入者の委任を受けて、原債務者から債権の取り立てを行うことになる。

その場合、原債務者からの元金支払いは、山一ファイナンスが原債務者に融資した貸金の返済日となる。場合によっては数年先の支払いになりかねない。また、原債務者が破綻していれば、抵当不動産を競売するしか回収の手はない。時間はかかるし、不動産価格が下落していれば（バブル期の評価によるため、抵当権を設定した時の評価額は非常に高い）、回収はきわめて難しくなる。ましてやその抵当権が後順位で（二番抵当）設定されていたりする場合は、ほとんど絶望的である。

つまり、抵当証券業者が破綻した抵当証券を購入した人々は、自分の持っている証書の原債務者が誰であるかによって、その後の運命が大きく変わりかねないのである。

山一抵当証券の原債務者は全部で七つ、六社の企業と一人の個人である。そして、販売額の八割近くを占めていた抵当証券の原債務者は二社。それが、山一土地建物株式会社、山一情報システム株式会社である。いうまでもなく同じ山一グループだ。

そもそも、山一ファイナンスの役員は山一證券役員との兼任か転籍者であり、最終段階での従業員八三名のうち七〇名が山一證券からの出向者、さらに余剰資金の大部分は山一證券に預けられるなど、明らかに山一ファイナンスは山一證券の強い統制の元にあった。この山一ファイナンスの最大株主が山一土地建物だ（第二位は山一情報システム）。山一土地建物は、かつて山一證券が監督官庁から不動産部門を独立するよう指導を受け、昭和三十五年に別法人格として独立させた会社である。山一情報システムもまた、山一證券のコンピュータによる情報処理等の一部門を形式上独立した株式会社にしたに過ぎない。資金の流れは当然、山一證券が支配管理していた。この山一情報システムの株式全体の四分の一を保有する三社のうちの一社が山一ファイナンスである。

こうした密接な（というより一体となった）グループ会社関係の上で、山一土地建物と山一情報システムは、経営難に陥った山一ファイナンスに巨額の資金支援を行っている。つまり、山一ファイナンスは融資先から資金援助を受けているわけだ。これは実質的に、山一ファイナンスが山一土地建物と山一情報システムの不動産を担保に、一般の人々から借金をしたことに等しいといえるだろう。

山一證券が破綻したとたん、山一ファイナンスは支払不能に陥った。山一ファイナンスの抵当証券の売上金は預かり金として山一證券の元に留保されていたが、それが引き出し不能になったためである。

山一證券破綻の約一カ月後にあたる九七年十二月十六日、山一土地建物が自己破産を申請。負債総額は三三五〇億円、山一関連企業の自己破産第一号だった。山一情報システムは翌九八年一月二十九日に解散を決議、三月二十日に特別清算開始を申し立てる。山一ファイナンスが自己破産の申し立てを行ったのは三月二日のことだった。山一證券と一心同体だったグループ会社としては当然の帰結である。事実上、各社は山一證券が倒れた時、その生命を終えたのだった。

こうして山一證券を信用して山一抵当証券を購入した大部分の人々は、山一グループ各社の不可思議な構図の中に否応なく巻き込まれていったのだ。九八年春、山一抵当証券購入者たちのかけがえのない財産は、こうして宙に浮くことになったのである。

第四章

法廷戦術

仮差し押さえと役員訴訟

九九年が明けた。

前年の十一月四日には、山一ファイナンスの債権者集会で被害者たちの怒りの声を強くアピールすることができた。一方で、弁護団が山一情報システム清算人や山一土地建物管財人との協議を行う中で、山一證券破産に向けての動きも慌ただしくなってきていた。

弁護団としては当然、当初から山一破産という事態も視野に入れて活動してはいたが、できれば破産の前に解決したいというのが本音だった。破産の清算スキームの中では、思うような動きがとれなくなってしまう可能性も低くなかったからである。

だが、裁判の進展もはかばかしいとはいえなかった。法廷では、主張に対する反論、再反論というやりとりが繰り返され、なかなか証拠調べの手続きに入れずにいた。業を煮やした山口弁護士は、前年十二月十一日に行われた第三回口頭弁論で、裁判所と被告に対して早期解決を求める意見書を、語気を強めて読み上げた。その概略は次の通り。

「被告山一證券はこれまで訴状や準備書面における原告の主張や求釈明（原告が被告に対して説明を求めること）に対してきわめて包括的に認否をしているだけですが、もっと速やかにより具体的な認否反論をし、求釈明にも応じて事実の解明に積極的に協力するよう強く求めます。

このままでは購入価格の半分前後が数年かけてようやく返還されるだけという事態です。山一證券はこのことについて、社会的責任があることまで争うわけではないでしょう。とすれば、少なくとも原告の訴えに対し、真摯にかつ迅速に調査の上、原告の求釈明に応じて事実の究明に協力すべきです。

原告らとしては、これまでの被告山一證券の不誠実な応訴（相手の起こした訴訟に応じて被告となり争うこと）態度に強い憤りの念を禁じえません。山一證券の経営破綻から一年後の各種報道で、『山一證券はお客様から預かったお金を最後まで全責任を持ってお返しします』などという担当者の白々しいコメントに接して、すべての原告が口惜しい思いで歯ぎしりしたことを被告山一證券は肝に銘じていただきたい。

（原告三六五〇名は）いずれも一年後に元利金が確実に返されるという説明を信じ、株式や投資信託、社債など少しでもリスクのあるものを避けてあえて抵当証券を購入した人々です。大切な資金を預けたこれらの原告の切実な訴えについて、一日も早い解決が図られるよう、被告山一證券の真摯な対応を要求します。

裁判所におかれても強い訴訟指揮による迅速解決に尽力されるよう心からお願いします」

しかし、こうした厳しい要求にも拘わらず、九九年二月五日に行われた第四回口頭弁論では、被告山一證券側から提出されるはずだった「原告の主張に対する反論」（準備書面）は出されなかった。理由は「まだ準備ができていない」ということだった。

山一側の代理人は、やる気のない答弁に終始し、主体的にこの事件を解決しようという意思はまったく持ち合わせていないようだった。明らかに破産までのつなぎだった。

この膠着状態を打開する手を打つ必要があった。

弁護団が最初に放ったのが、仮差し押さえという手段である。仮差し押さえとは、一般に、損害賠償訴訟などで勝訴した場合に備えて、賠償金の確保などの目的で、あらかじめ相手側の資産を処分できないようにする手続きをいう。決定は迅速だが、もちろん仮差し押さえの必要性があるとみなされなければ認められない。

最初に話題に上ったのは、一月十四日の第一〇回弁護団会議だった。発案は重弁護士。

次いで、二月四日の第一一回弁護団会議で仮差し押さえチームを編成。メンバーは花輪、溝呂木、重、日隅弁護士の四名となった。二月二十二日と三月一日には差し押さえチームによる検討会。検討は深夜にまで及んだ。

これは、本裁判とはまた別に、いかにして山一抵当証券の法的責任を明らかにできるかという試みであり、山一證券破産に向けての対策のひとつでもあった。

この時の主張は「購入者は山一證券の償還義務もしくは保証義務の存在を前提として購入している。それを山一證券が否認するのであれば、絶対に買わなかった」というもの。つまり「錯誤だから無効である」という主張である。

仮差し押さえの対象とした財産は、山一土地建物に対する破産配当金請求権、すなわち山一證券が破産した山一土地建物に対して持っている債権の一部で、山一土地建物の破産手続きが進み、三月末にも山一證券が中間配当を受ける見込みとなっていたのだった。原告側としては、払い戻しを受けるための資産がこうして失われてしまうのを防ぐために差し押さえを行ったということになる。

仮差し押さえするには多額の保証金が必要となるため、原告全員の被害について差し押さえることはせず、原告三人の計約九〇〇〇万円分について仮差し押さえの申し立てをすることとした。
弁護団が仮差し押さえの申し立てを行ったのが三月八日。翌九日には仮差し押さえについて裁判所と面接を行う。そして十二日には仮差し押さえ決定となった。差し押さえられた資産は、裁判で原告の訴えが認められた場合には、原告側への払い戻しのための資金として充足されることになったわけだ。

「実は、仮差し押さえについては、弁護団内部でもさまざまな見方があったんです。私自身もそんなに簡単には認められないんじゃないかと思っていました。それが予想以上に早く認めてくれたので驚きました。

これはわれわれにとってかなり大きな成果だったと思います。裁判所が山一證券の法的責任を認めたことになるわけですから。本訴訟での被告側への大きなプレッシャーになったと思います」

事実、三月十九日に開かれた第五回口頭弁論で、溝呂木弁護士がこの仮差し押さえ決定について発表すると、被告代理人の弁護士が会社に報告しなければならないので詳しく教えてくれと求めてきた。かなり動揺している様子だったという。

弁護団ではこの成果をさらに確実なものにするため、本訴訟でも「錯誤」の主張を加

郵便はがき

料金受取人払

本郷局承認

45

差出有効期間
2001年5月
3日まで
郵便切手は
いりません

113-8790

117

(受取人)
東京都文京区本郷
二-二七-五
ツイン壱岐坂1F

緑風出版

行

ご氏名

ご住所 〒

☎ ( ) E-Mail:

ご職業/学校

本書をどのような方法でお知りになりましたか。

1.新聞・雑誌広告（新聞雑誌名 ）
2.書評（掲載紙・誌名 ）
3.書店の店頭（書店名 ）
4.人の紹介 5.その他（ ）

ご購入書名

ご購入書店名 所在地

ご購読新聞・雑誌名

このカードを送ったことが 有・無

読者通信

今回のご
購入書名

ご購読ありがとうございました。

◎本書についてのご感想をお聞かせ下さい。

◎本書の誤植・造本・デザイン・定価等でお気付きの点をご指摘下さい。

◎小社刊行図書ですでにご購入されたものの書名をお書き下さい。

購入申込書

小社刊行図書を迅速確実にご入手いただくために、このハガキをご利用下さい。
ご指定の書店あるいは直接お送りいたします。直接送本の場合、送料は一律三一〇円です。

書名	定価	円
	ご注文冊数	冊

ご氏名

ご住所

☎

[書店様へ] お客様へご連絡下さいますようお願い申しあげます。

取次店番線
この欄は小社で記入します。

ご指定書店名

同書店所在地

えることとし、準備書面を裁判所に提出する。

あわせて裁判の大きな山となる証人尋問の準備も急ピッチで進められる。北海道や九州に住む被害者のもとにも弁護士が行き、詳しく事情を聞いた。さらに元販売員からも協力を得ることができ、原告と合わせて一〇通以上の陳述書を事務局でとりまとめ、用意することができた。すでに二月十六日には病気などの理由で申し込みが遅れていた二一名を第六次訴訟として提起。合計原告数は三六七一名となっていた。

次に弁護団が打った手は、野澤社長ら山一證券取締役の個人責任を追及する民事訴訟の提訴である。弁護団結成当初から、この役員訴訟については何度となく検討されていた。しかし、早期解決のためにあえて訴訟を複雑化しないという方針で、原告からアンケートを採るなどして慎重に対応してきた事案だったのである。

だが、山一證券破産がいよいよ差し迫った状況の今、一気に攻めるしかない。

四月五日、弁護団に「野澤社長ら訴訟検討チーム」を結成。メンバーは中野、見付、重、日隅の各弁護士。四月七日から五月十日にかけて三回の検討会を重ねた。

そして五月十三日、弁護団は野澤社長ら山一證券の役員四名に対して総額一億一四〇〇万円の損害賠償を求める訴訟を東京地裁に提起した。この訴訟は、山一本体に巨額な簿外債務があることを知り、抵当証券（モーゲージ証書）が危険な商品であることを充分に認識しつつ、安全確実と称してモーゲージ証書を売り続けたことの責任を問うものだ。野澤社長らの責任をより明確に追及するため、彼らが経営陣となって以後、山一が経営破綻する約一カ月前の九七年十月二十二日にモーゲージ証書を購入した原告七〇人が立ち上がったのである。

この間、被害者の会でも野澤社長に面会を求め、山一土地建物のビルに移転していた山一證券を訪ねている。直接面会を求めて出向くのはこれが二回目になるが、今回は弁護士は同行していない。四月二十七日。事務局の小西が付き添い、原告一五名が参集――。

いかにもバブルの頃に建てられたという感じのビルだった。一〇畳ほどのエントランスは大理石張りだ。守衛らしき男が受け付けをしている。

「野澤社長さんに会わせてください」

「お約束ですか」

「いえ、約束はありませんが、私たちは債権者なんです。どうしてもお話したいことがありますので、面会にきました」

「どんなご用件ですか？」

「あなたには、ちょっと話せません。大事な話ですので」

そんなやりとりが続いたあと、男はしぶしぶ山一證券の社員に取り次ぐ。二人の社員が応対に出てきた。

「私たちは債権者ですので、社長さんに会わせてください」

「約束でないと会えません」「今、おりません」「用件をお聞きしないと取り次げません」わけのわからない訪問者を追い返す時の常套句だ。このままでは埒があかない。

「実は、私たちは抵当証券の被害者で、裁判を起こしている原告です」

その言葉を聞いた社員の顔から血の気が引いていくのがわかった。

「私たちは裁判をしていますが、今日はどうしても、社長さんがどのように考えていらっしゃるのかお聞きしたいと思います。裁判では、全く誠意が感じられず、私たちの生活も困窮しております。あなた方社員が安全確実、元本保証と言ったので購入したのに、どうしてこのようになったのか、ぜひお聞きしたいと思います」

その言葉を皮切りに、原告たちが口々に思いのたけをぶつける。二人の社員はうろたえ、ほとんどまともに答えることができない。そんな押し問答が一時間続いた。

さすがに根負けしたのか、社員は代表五名という条件で原告たちを六階の会議室に案内する。そこで原告たちは、用意してきた「質問状」を渡し、早急に文書で社長自らが回答を返送してくれる約束をとりつけ、さらに道義的責任は感じているという回答を引き出した。粘りに粘った被害者たちが手に入れた成果である。

実はこの時、山一證券側では弁護団の日隅弁護士あてに「なんとか早急に引き取ってもらえるよう指導してほしい」というSOSの電話を入れていたのだった。野澤社長にこの思いが伝わるだろうか――被害者たちは昼食もとらず、その後、茅場町駅周辺で二〇〇枚のビラを配布する。

ちなみに、その後、五月十九日付で野澤社長が本人名で寄こした「回答書」は次のようなものだった（全文）。

「拝啓　平成一一年四月二十六日付でいただきました貴会の質問状に対して、回答させていただきます。

ご質問にかかる抵当証券を購入された方々には、多大なご迷惑をおかけしたことについて大変遺憾に存じます。

ところで、当社の法的責任は目下東京地方裁判所民事第一部で審理されていると承知しております。ご質問事項は、いずれも右訴訟の争点と関連する事項ですので、訴訟の場で回答し、かつ対処させていただくべきものと存じますので、悪しからずご了承ください。

また、当社代表者個人に対して、個人的に責任を取る用意があるかとのご質問ですが、平成一一年五月一三日付で代表者個人外三名に対して、その責任を追及する訴訟が提起されました。同訴訟の場で解決される問題となりましたので、回答を差し控えさせていただきます。　敬具」

こうした山一證券に対する働きかけが続く中、五月十八日には、富士銀行に対し、山一證券から回収した貸金を原告らに支払うよう求める詐害行為取消訴訟を東京地裁に提起した。弁護団に結成された詐害行為取消訴訟チームは、花輪弁護士と重弁護士。かねてから提訴に向けて、山一が所有している土地などのうち富士銀行が破綻直前に差し押さえたものがないか、事務局が手分けをして法務局をまわり調査していたのだった。

すでに前章でも述べているように、富士銀行は山一證券のメインバンクであったが、山一證券への貸付金を破綻直前に回収していたのである。この訴えでは、優先的に債権を回収したため山一證券の個人投資家による債権回収が妨げられた、つまり富士銀行の行為は他の債権者の債権回収を妨げた「詐害行為」と主張した。そして、破綻公表前に抵当証券を購入した三人の原告が富士銀行を相手取り、購入額の計一二〇〇万円を回収した行為を取り消して支払うよう求めたのである。

この訴訟の狙いは、山一證券が破産申し立てをするという情報が飛び交う中で、原告らが安易な破産処理を許さない姿勢を明確に打ち出し、最大限の被害回復を実現することにあった。

法廷外での活動もますます活発化する。

二月五日には、第九回被害者集会を衆議院議員会館第一会議室で開催。議員会館で被害者集会を行うのは二回目になる。今回は、笠井亮、福島瑞穂、江田五月、奥田建議員のほか、多数の議員秘書が参加、被害者たちの老後の不安を切々と訴える声と、あきらめずに戦い抜くという決意に耳を傾けた。その席で、笠井議員から超党派の「金融被害を考える会」を結成し、その中で山一抵当証券被害についても取り上げるという話もあった。

集会後は、被害者が手分けをして三つある議員会館内の各国会議員の個室を訪問し、

大阪集会にはTV局の取材班もやってきた

アンケート用紙を手渡した。政界にも強く訴えていこうという意欲の表れだった。

さらに、全国各地に分散する原告に向けて、裁判の経過から被害回復の現状、将来の見込みなどを直接説明するために、地方集会が次々に開催されている。

二月二十四日　愛媛集会（山口弁護士）、三月八日　大阪集会（山口弁護士）、三月二十一日　福岡集会（溝呂木弁護士）、四月三日　北海道集会（溝呂木弁護士）、四月二十二日　愛知集会（鈴木弁護士）、四月二十四日　仙台集会（宮城弁護士）、五月十三日　広島集会（安藤弁護士）。

各会場では、活発な質疑応答が行われ、出席者からは「地元議員への陳情が効果的ではないか。ぜひ、被害者で連帯して活動していきたい」「今までひとりで悩んでいたが、こうして同じ被害者の方々とお会いできて、心強く感じた。やっと悩みを共有できる人たちに会えた」といった声が多数寄せられた。担当した弁護士も、こうした熱心な被害者と話し合うと励まされる、という感想を残している。

「仙台集会は、ご高齢の方や主婦の方など、投資経験はないだろうと思われる方々がほとんどでした。集会の中では、本件の解決は時間との勝負であるから、訴訟手続きだけでは解決はおぼつかず、東京では多くの被害者の方々が世話人会で連絡を取り合って自らビラまきなど積極的な活動を展開されていることを報告し、仙台でもぜひこの機会に被害者同士で横の連絡を取り合って、地域に根付いた被害者自身の積極的な活動をお考えいただきたいと提案しました。限られた時間ではありましたが、最後には皆様に暖かい拍手をいただき、仙台駅まで送りましょうと申し出て下さる方もおられました。仙台の方たちの心の温かさにふれ、抵当証券の問題をぜひともよい形で決着を付けるために全力を尽くしたい、とあらためて思った一日でした」（宮城弁護士）

愛媛、大阪、北海道については、希望者が多かったためネットワーク名簿を作成。被害者同士で励まし合い、運動を少しでも進展させていこうという気運が高まりつつあった。

被害者の会の活発な活動

被害者集会に出席したり、郵送されてくる被害者通信を読むうちに、被害者たちの間には、自分たちも自発的に活動しなければという気持ちが芽生えてきた。まずはビラ配りならできそうだと話し合ったものの、運動などとはまったく無縁だった女性を中心とした有志だから、いざやろうとすると、どうすればいいのかさっぱりわからない。

そんな被害者たちを指導したのが、同じ原告のKさんだった。Kさんは長年労働運動に携わってきた経験があり、そうした活動に関する豊富なノウハウを持っていた。すでにKさんは、弁済期が到来したことで満額の配当を受領しており、裁判所へは訴訟を取り下げる意向を示していた。しかし、「これは購入した全員の問題であり、自分がたまたま運良く満額受領できたといって何もしないわけにはいきません」と、協力を買ってでたのである。

まず開いたのがビラ配りについての講習会。三月四日に「ビラ検討会」として、世話人をはじめ東京近郊の原告七名が参加した。

Kさんは「受け取ってくれなくて当たり前というくらいに思っていないとできませんよ。図々しく手渡すんです」と、ジェスチャーを交えながらレクチャーする。うなずきながら聞く参加者たち。さらに、ビラの内容についても、どうしても入れたい文章などをみんなで協議した後、事務局で作成し、それを手紙やFAXなどで確認、修正を重ねて完成させるということにした。

ビラ配りの日程の連絡は、東京近郊の人たちに郵送したり被害者通信で案内するなどして、原告たちに呼びかけた。配布場所は大蔵省や金融監督庁前を中心に、東京地方裁判所前、山一證券付近、債権者集会の会場付近など。内容も状況が変わるにつれて少しずつ変更していった。ビラ配りは全部で一三回行っている。

事務局小西の述懐。

「道行く人々に受け取ってもらうのは、とても大変でした。だいたい一時間近く立って、五〇人くらいに手渡せれば上々という感じでした。とくに大蔵省前は、道行く人がビラに慣れているせいか、なかなか受け取ってもらえませんでした。

初めの頃はとても恥ずかしくて、要領も悪かったと思います。それでも、何度か配っ

手作りのTシャツを着てビラを配る原告たち（大蔵省前）

ているうちに、立ち方、ビラの手渡し方、声のかけ方など、受け取ってもらいやすい方法がわかってくるようになりました。受け取ってくれた人がその場でビラを読み始めたりすると、本当にうれしくて何度もお辞儀したくなるような気持ちになりました。

大蔵省前などでビラを配っていると、変額保険の被害者の方たちと一緒になることがありました。変額保険の被害者の方たちもご高齢の方が多く、『地道にこうした運動をするのはとても大変ですけれど、こうした運動をしない限り解決の道は遠くなっていくばかりなんです』と話されました。つらい思いをされている方がたくさんおられるということを改めて思い知らされ、お互いがんばりましょうと励まし合って別れたこともありました。

それから、山一證券の元社員の方から声をかけられたこともありました。入社して一年目に会社が破綻したそうです。その方は『抵当証券のことは、こんなに危ないものだったとは知らなかったので、どうなったのかいつも気にかかっていました』と話され、運動の経緯について簡単に説明したこともありました」

早朝四時に起床して新幹線で駆けつけた原告もいた。高齢や病気を押して参加した原告もいた。寒い日、暑い日、雨の日と、地道にビラまきは続けられた。原告のSさんはこんな感想を寄せている。

「私は、五十代の普通の主婦です。三月十九日第五回口頭弁論の当日、九時から九時半まで大蔵省前で有志八名とともに、十時から十時二十分には東京地方裁判所前で有志一五名とともにビラ配りをしました。当日は小雨が降り、道行く人が傘をさしているため両手がふさがっているのと、ビラを配る私の中にも恥ずかしさがあり、最初はなかなか手渡すことができませんでした。しかし朝早く家を出てきて目的が達せないのではと、自分をせきたて、みなさんと励まし合いながらビラを配りました。その熱意が通じたの

官庁街で効果的なアピールとなった横断幕

か、徐々に受け取ってくれるようになり、通りすがりの男性が一緒になってビラを配ってくれたりもしました」

そのうちに、参加者の間から「どうせやるならもっと目立つようにしなくてはだめだ。ビラを受け取ってくれない人もたくさんいるのだから、何の問題を訴えているのかすぐにわかるような工夫が必要だ」という意見が出た。ビラ配りをしていると、近くで別のビラまき活動をしている人たちの姿が目に入るのである。彼らは手慣れた様子で、アピール度も非常に高いのだ。

ゼッケンがいいのではないか、のぼりも有効ではないかなどいろいろな意見が出され、最終的に横断幕とTシャツを作ることになる。文案は世話人会で討議、制作は節約して事務局のパソコンで行うことにした。手作りとはいっても、パソコンで版下を作成し、アイロンで布地に印字できる専用の紙を使うとかなり見栄えのいいものができあがった。

それからは、ビラ配りの時には必ずTシャツを着るようにした。Tシャツに大書きされた文字は「山一抵当証券　全額返還要求！」「私たちに安心できる老後を！」というもの。これで、ビラを受け取らない通行人にもアピールできる。揃いのTシャツを着て数人で霞ヶ関を歩くと、まるで小さなデモをしているような気分になった。

四月二十五日には、テレビ朝日系列の番組『サンデープロジェクト』が「抵当証券・偽りの元本保証」と題する特集を放送した。これに先立って、山一抵当証券被害弁護団・被害者の会にも取材依頼があり、原告や元販売員が進んで取材に応じている。番組ではキャスターもコメンテーターも厳しい口調で抵当証券の問題点を指摘した。

これで被害者の救済に向けてまた一歩前進かと思った矢先のことだった。ゴールデンウィークが開けたとたん、山一破産に向けての報道がいよいよ慌ただしくなってきた。

「一九九七年十一月に経営破綻した山一證券は、月内にも東京地裁に自己破産を申請す

ＴＶ番組『サンデープロジェクト』でも抵当証券の問題点が報道された

る検討に入ったと関係筋が六日明らかにした。債務超過に陥ったまま破産することで、日銀特融が初めて焦げ付く可能性が高い。日銀は、証券版・預金保険機構の投資者保護基金が山一に代わって特融を返済すべきだとしているが、同基金は『投資家を保護する設立目的と異なる』として拒否する意向だ」（五月七日報道の一部要旨）

同日付の朝日新聞は、山一證券が三月末見通しで債務超過一〇〇〇億円となり、特融の焦げ付きが確実になったと報じている。

同紙によると「総額四三〇億円の劣後ローンを不履行にして穴埋めしても債務超過は確実」となり、「その分、山一證券に対する日銀特融約五〇〇〇億円は焦げ付くことになる」という。

さらに「山一證券は今月中にも自己破産を申請

し、裁判所に対して債務超過額を正式に示す方針」で「債務超過額は今年初めに見込まれていた四〇〇億円前後を大きく上回る」というのだ。

劣後ローンというのは、貸出先が倒産した場合などに、一般債権に比べて返済の優先順位が低くなる（そのかわり金利が高い）貸し出しのことをいう。山一證券が生命保険会社や損害保険会社一四社から借りていた劣後ローンは、総額四三〇億円。山一證券としては、この劣後ローンを債務不履行にして損失を穴埋めし、日銀特融の焦げ付きを避ける方針を固めていたのである。

これに反発したのが、劣後ローンを貸し付けていた生保、損保一四社である。一四社は、「巨額の簿外債務を隠して劣後ローンを取り入れたのは詐欺的な行為に当たる」「破綻の原因となった簿外債務の存在を知らされずに結んだ契約は無効」として、約四三〇億円の元利金返済を求めて前年六月、東京地裁に訴訟を起こしていた。

五月十三日の共同通信ニュース速報は、「山一證券の含み損が膨張し、債務超過は実質二〇〇〇億円を超す」と報じている。朝日新聞の報道から一週間も経たないのに、債務超過額は倍の見通しに膨れ上がったのだ。日銀特融が焦げ付く懸念はますます高くなった。

にもかかわらず五月十九日、劣後ローン訴訟で、山一證券と生損保一四社は、山一證券が半額を返還することで和解したのである。

生損保側にとっては、債務超過に陥っている山一が自己破産すれば劣後ローンが焦げ付くのは必至だった。半額の返済で和解できれば万々歳である。元来、借り手が経営破綻すると貸し倒れになる可能性が高い債権なのだ。

日隅弁護士はこの和解に大きなショックを受ける。

「えーっなんで!?と思いました。どうして抵当証券を放っておいて、あんな劣後債なんかで和解するのかと。これはかなりショックでしたね」

山口弁護士もこの時、大きな焦りを感じている。

「劣後債が五割で和解できたのに、抵当証券はどうなっているんだと。それで直接、山一証券の主任弁護士に抗議したりもしたんですけどね。正直いって焦りを感じました」

さすがに弁護団の雰囲気も重くなっていた。

「ただ、このあたりはやたらに忙しかったんですよ。破産直前には裁判所に破産させるべきではないという意見書を作って出したり、それ以外にもずいぶんいろんな申し入れを裁判所や大蔵省に対して行っているんです。やることがたくさんあって、落ち込んでいるヒマはないというのが実態でしたね」

五月十七日には世話人三名と十枝内、宮城、花輪弁護士が陳情に出かけている。最初に訪れたのは大蔵省金融企画局信用課（抵当証券の法的不備について、今後の改正についての検討を要請）、次いで総理府内の小渕首相の秘書官（政治的な解決に向けての協力要請）、そして金融監督庁監督部証券監督課課長補佐（この問題の責任の一端を担う官庁として解決のための積極的な協力を要請）の三カ所だった。

また、この頃は陳述書のとりまとめ作業もピークを迎えている。すでに担当弁護士から各原告に、購入の動機、山一證券の勧誘時の説明、山一ファイナンスについての説明、破綻時の状況などを記入する陳述書を送付していた。続々と返送されてくる「陳述書」には、原告らの苦悩とやりきれない思いが綿々と綴られている。しかし、原告の多くが高齢であったり、こうした書類に書き慣れていないため、つじつまのあわない回答や、誤記入も少なくなく、何しろ数千人単位のため、そのチェックも大変だった。担当弁護士と事務局は、再確認をとりながら訂正・書き直しを依頼するなど地道な作業を続けていた。

五月十一日には最後の原告六名を加え、合計三六七八名、これで原告団の陣容が固まることとなる。被害金額は一〇四億六九五〇万円となった。

五月末には山一證券の破産申し立てがいよいよ濃厚になった。申し立てが受理され、地裁から破産宣告を受ければ、山一證券の野澤正平社長ら取締役三人は退任し、破産管財人の管理下での清算業務へと移行する。

最初の提訴からまもなく一年、山一抵当証券の被害者たちと弁護団は、ブラインドコーナーを猛スピードで曲がりつつあった。

第五章

和解成立

山一破産！

一九九九年六月二日、山一證券が破産宣告を受けた。

形式上はその前日の夕刻、東京地裁に自己破産の申し立てを行ったのを受けてのことだったが、実は相当前から裁判所との打ち合わせを重ねていたのである。

山一證券は、経営破綻が発覚した九七年十一月の時点では債務超過ではないとして、自主廃業を申請して任意清算の手続きに入る方針だと公式発表していた。しかしその後、債務超過であることを隠しようがなくなったため、任意清算手続きの前提となる同意を株主から取り付けることさえできなくなっていたのだった。

六月二日、東京地裁は山一證券に対して破産を宣告するとともに、破産管財人に東京弁護士会の松嶋英機弁護士を選任した。

被害者の会と弁護団も慌ただしく動く。同日、急遽、記者会見を行い、「被害を回復しないまま金融機関からの借り入れの返済などを優先し不公平だ」「破産で責任を回避することは許されない。今後も破産管財人などに被害回復を求めていく」と抗議と決意表明の声明を出す。あわせて山一破産を知った原告らの動揺を抑えるため、被害者通信第八号を作成し、ただちに発送。

そこに「原告の皆様へ」と題した山口弁護団長の文章があり、山一破産後の枠組みと今後の見通しが整理されて記されている。少々長くなるが引用してみよう。

《深い憤り、しかしなお闘いは続きます》

私たち弁護団は、さまざまな角度から抵当証券問題の解決のための交渉をしてきました。その過程で昨年秋に、山一證券としては破産しか道はないと、山一證券の関係者が話をしておりましたので、その後破産を食い止めるべく、また、その前に和解して解決するために種々努力してきました。しかし、このような結果になって大変残念です。とともに、自分らの経営や清算業務についての責任を中途で放り出して、破産管財人にすべてを委ねてしまった山一證券の経営陣やその関係者に強い憤りを禁じえません。

しかし、これで被害回復の道がふさがれたわけではありません。当初の目標であったスタートから一年内（つまり今年八月まで）の解決は困難になったと言わざるを得ません。しかし、今後は山一證券の破産管財人や裁判所との交渉を中心に、一日も早い、また少しでも高率の被害回復を目指して、被害者の会の皆様と力を合わせて全力で取り組んでまいりたいと存じますので、ぜひよろしくお願いします。

《山一證券に対する裁判はどうなるのか》

破産管財人は、破産した者のプラス財産（資産）とマイナス財産（借金）を調べ上げ、破産者にお金を貸した人などの債権者に平等に財産を配当するのが役目です。山一證券の破産管財人は、これから数ヶ月後の第一回債権者集会までの間に、山一證券の関わるすべての資産と債務の内容を調査して、資産と借金の内容を確定して、裁判所と全債権者に報告しなければなりません。その調査対象のひとつが皆様が購入した抵当証券（モーゲージ証書）の問題です。ですからわれわれは破産管財人に対し、モーゲージ証書購入者の損害は山一證券に責任があることを認めるように、また他の債権者に優先して損害賠償金を支払うよう強力に働きかけていく必要があります。

破産管財人は裁判所の指示の下で方針を決めますから、裁判所との交渉も重要です。破産管財人および裁判所への働きかけによって破産管財人がモーゲージ証書の購入者の損害について山一證券の責任を認めて、山一證券が購入者にモーゲージ証書の元利金の支払い義務があることを認めれば、現在東京地方裁判所民事第一部で係属中の裁判は、勝訴と同じ結果になります。あとは配当をいつ実行するかという問題になるのです。

では、破産管財人が山一證券の支払い義務を認めるまでの間、民事一部で行っている裁判は、どうなるのでしょうか。実は、破産管財人が皆様の被害について、山一證券の責任を認めるか否かを決定する時（第一回債権者集会）まで、民事第一部の訴訟手続きはストップ（休止）の扱いになるのです。

もし、破産管財人が皆様の被害について、山一證券には責任がない、もしくは責任があるか否か判断できないという結論を出した場合、第一回債権者集会後に、今度は山一證券ではなく破産管財人を相手（被告）として、山一證券の支払い義務を認めさせるための裁判が民事第一部で再開されることになります。その際に必要な手続きについては後ほどご連絡します。

ですから、破産管財人に山一證券の責任を認めさせるために、あるいはその後再開されるかもしれない裁判のために、みなさんの陳述書を作成したり、証拠を集めたりする作業は今後も鋭意続けていく必要があります。

《山一證券破産管財人への債権届け出》

なお、その手続きの前提として、皆様の損害について、山一證券の破産管財人に対して、債権届の手続きが必要になります。この手続きを具体的にどのような方法で行うかについては、近日中に山一證券の破産管財人と協議し、方針が決まり次第報告しますので、しばらくお待ちください。皆様はすでに山一ファイナンスの破産管財人に債権届をされていると思います。その届け出と同じことを山一證券の破産管財人にもすることになるのですが、今回の場合、債権届け出の具体的方法など種々検討する必要があると思われるので、少し時間が必要なのです。

《皆様への配当源資》

山一證券の破産管財人や裁判所との前述した交渉と並行して、皆様へ支払う払戻金をどう工面するかについての交渉が必要になります。この資金の工面の問題は、日銀特融、投資者保護基金、それに山一系列の山一土地建物、山一情報システム、山一ファイナンス等の債権債務などの問題が複雑に関わります。九七年一一月に山一證券が経営破綻した前後にいち早く債権を回収したと見られる富士銀行や三菱銀行、日本興業銀行との関係も問題になります。われわれ弁護団が、三名の被害者と相談して本年五月一三日に富士銀行を訴えたのは、このような関わりがあるからです。また破産宣告直前に債券額の五〇％で和解した生命保険会社各社の劣後債の問題も今後検討対象となるでしょう。もちろんこのように複雑に絡み合った問題を解決するためには金融行政や金融政策の分野での思い切った決断が不可欠です。そのためにも、われわれは行政や政治家の皆様に、これまで以上に働きかけていく必要があります。

《決して悲観する必要はない、展望はある》

昨年七月からの取り組みで、ようやく山一證券に抵当証券の問題があることを多くの人が知るようになりました。山一證券の債権者の中でも九七〇〇人（被害者の会は約三七〇〇人）は、全体の数千億の債権債務に比べると金額は小さくても最大の人数のグループです。破産管財人としてもその業務の中で相当のウェイトを占める課題のはずです。いちいち個別の被害者を相手にしていたら大変なので、破産管財人としては、何とかまとめて解決したいと考えるでしょう。これまで行ってきた被害者の会の有志によるビラまき活動なども大きなインパクトになっています。

預金保険機構というしっかりしたバックのある拓銀抵当証券に比べると問題はより複雑ですが、拓銀でも被害の八五％を支払うという和解がすでに四月に成立していることは山一抵当証券の問題解決にあたっても大きな影響があります。

原債務者がエルスペイスであった被害者の方々にはすでに全額償還されたこと（エルス

ペイス以外が原債務者の場合も償還期限が来た一部の方＝山一土地建物、山一情報システムを除く＝には全額償還されています）、さらには山一土地建物の名古屋の物件がつい最近、約三一億円で競落されて原債務者が山一土地建物であるモーゲージ証書をお持ちの方には約三〇％の配当が近くあることなども、全体の解決にとってプラス要素です。

弁護団としては、将来の解決の展望について決して悲観していません。課題は多く、なお多少の時間がかかることは避けられませんが、必ず相当の被害回復が実現できるし、そうならなくてはいけないと考えています。

皆様と力を合わせて取り組んで参りますので、今後ともよろしくお願いします。

《当面の取り組み》

以上を踏まえて私たち弁護団が今年六月中に行う予定の行動は次の諸点です。

一　山一證券破産管財人との交渉

二　東京地方裁判所破産部の担当裁判官との交渉

三　皆様の事件を担当している東京地方裁判所民事第一部との今後の進行協議

四　イトイ、誠和、高山ランドなど原債務者への早期支払いの要望

五　山一ファイナンス、山一土地建物、山一情報システムの各破産管財人や清算人と

の交渉
六　投資家保護基金との交渉
七　金融監督庁や大蔵省への申し入れ（日銀特融の取り扱いなどについて）
八　政治家への申し入れ
九　野澤社長ら山一證券経営陣四名との訴訟
一〇　富士銀行に対する詐害行為取消訴訟
このほかにも種々検討中ですが、被害者の会の皆様と相談しながら進めて参ります。

六月四日と七月二十三日には被害者集会を開催し、山一破産後の経緯と今後の見通しについての説明を行った。原告たちの反応もさまざまだった。ここまで頑張ったんだからどうにかなるだろうと楽観的な人、どうしても不安が拭いきれず被害者集会で弁護団に食い下がる人、破綻と破産の区別がつかずに首をかしげる人――いずれにせよ、この先どうなるのかはよくわからないが、ここであきらめるわけにはいかなかった。

世話人たちは「自分のお金は自分で取り戻しましょう」というアピールを被害者通信で行った。原告一人ひとりが、大蔵省や金融監督庁、日銀、政治家に手紙・ＦＡＸ・電話で被害の実態を訴え、協力を要望しましょう、と。金融監督庁長官・日野正晴、日本銀行総裁・速水優、大蔵大臣・宮澤喜一、そして「金融消費者保護法を制定する議員の会」所属議員八名の宛先も添えた。

地方に住んでいて東京でのビラまき活動に参加できず、歯がゆい思いをしていた原告たちは、さっそくペンを取り、何通も何通も手紙を書き始めた。ほとんどの被害者たちは裁判の原告となるのは初めての体験だったが、そんなお年寄りたちも、闘うことがどういうことなのか、少しずつわかり始めていた。一人ひとりが、自分のできることから始める。それが合わされば、きっと大きな山も動くはずだと。

六月四日には金融監督庁、大蔵省前でビラ配り。世話人会では、山一破産を受けて、ビラや横断幕の内容を再検討しようという話になる。

すでに、この頃、弁護団は一点の光明を見つけていた。

「山一證券の破産管財人が記者会見で、抵当証券の問題があることは充分認識しているという内容のコメントを出したんです。管財人がどういう立場でわれわれと交渉してくるのかということがいちばん気になっていましたからね。これは期待できるのではないかと思いました」(日隅弁護士)

「抵当証券の問題を社会問題として認識している、つまり破産管財人としてやるべき大きな仕事のひとつだととらえてくれていたわけです。それまでは決済できる人が誰もいなかった。それが初めて、そういう人が出てきたということです。それまでは結局、弁護士なのか社長なのか大蔵省なのかはっきりしない中で、みんなほかのところに責任をなすりつけるようなそんな対応でしたから。それが自らの手で解決しなければならないという人が出てきたわけですから、これは手応えを感じました」（山口弁護士）

松嶋管財人は後に国民銀行の清算人を務め、さらにはそごうの処理にも関わるなど、大きな企業破綻事件の処理を次々と手がけている。複雑に絡み合ったこの種の処理を大局的な見地から判断できる人物だという世評も高い。だが、この時点では、この問題をどう処理しようとしているのかはまだ未知数だった。

「難しいのは投資者保護基金の問題ですね。銀行の場合には預金保険機構というシステムがあって、そこで銀行が破綻した場合の救済をするということになっている。証券の場合は投資者保護基金があって、破綻した場合にはそこが処理することになっているわけです。三洋証券が破綻した時は、その投資者保護基金が表に出て被害者の救済をしました。ところが山一抵当証券の件では、そこがはっきりしなかった。

最終的に、木津信抵当証券やたくぎん抵当証券の場合は、預金保険機構が資金を出して問題を片付けたわけですよ。ところが山一抵当証券の場合は、投資者保護基金は責任をとろうとしない。銀行が破綻した場合と証券会社や保険会社が破綻した場合では、救済のスキームが大きく異なっていたんですね」（山口弁護士）

この春から、拓銀抵当証券の問題が和解という形で解決しつつあった。北海道拓殖銀行は、山一證券が破綻した九七年十一月二十四日よりわずか一週間前の十一月十七日に破綻、翌十八日にたくぎん抵当証券が破産申し立てをしたことで、たくぎん抵当証券問題が表面化したのである。

九七年十二月二十日には札幌弁護士会による被害者説明会開催、翌九八年三月二十日に第一次提訴を行い、山一抵当証券問題に一歩先行する形で訴訟が続けられていた。そのため、当初から、山一抵当証券被害弁護団はたくぎん抵当証券被害者弁護団とコンタクトをとっていた。

そして、四月二十七日に第一次提訴の五人が和解したのを皮切りに六月十七日、六月二十四日、そして七月十六日にすべての和解が成立したのである。和解内容は拓銀側が抵当証券購入額の八五％を原告に支払うというものだった。

購入者の大半が高齢者であること、拓銀窓口で拓銀の行員から「安全・確実」と言われて購入した抵当証券（モーゲージ証書）が実はたくぎん抵当証券株式会社のものだったということなど、たくぎん抵当証券事件と山一抵当証券事件には共通点も多かった反面、山口弁護士が述べたように、銀行と証券会社という相違点もまた大きなものだった。とはいえ、たくぎん抵当証券問題が和解で解決したという事実は、山一抵当証券問題にとっても解決に向けての明るい材料のひとつだったことは間違いない。

当初、山一證券破産前の四月、最初の和解が成立した知らせは、沈滞する裁判を抱えていた山一抵当証券被害弁護団にとって朗報であると同時に、焦りの気持ちをもたらしたことも否定できない。ともに多数の被害者を生んだ社会的事件であり、出発点に多くの共通点を持ちながらも、たとえばマスコミの対応や解決に至る環境にはさまざまな相違点があった。しかし、購入額の八五％の支払いによる和解という結果は、山一抵当証券被害弁護団にとっても明確な目標として認識されることとなる。良き前例として、山一抵当証券被害弁護団はたくぎん抵当証券被害者弁護団に拍手を送ったのである。

ここで、たくぎん抵当証券問題についてもふれておこう。被害者弁護団で事務局長を務めた八幡敬一弁護士に話を聞いてみた。

――たくぎん抵当証券の問題で活動中に、山一でも抵当証券の問題が起こったと聞かれた時は、どのようにお感じになりましたか？

「率直に言って、山一の場合は難しいなと思いました。拓銀の場合は銀行ですからバックに預金者保険機構がありますが、山一の場合は証券会社ですからね。だからこれは大変だなと思ったのが率直な感想です。たくぎん抵当証券の場合は、すでにその前の木津信用金庫の抵当証券や兵庫銀行の抵当証券事件という前例があり、いわばルートが敷かれていましたが、山一の場合はそういうのがないわけですから。

でも、たくぎんの場合もすべてスムーズにいったわけではなく、続けていく中でだんだん状況が悪くなっていったんです。

当初、弁護団は九五％で和解を狙っていました。木津信は信用金庫ですが、拓銀は都市銀行でしたし、北海道における拓銀の信用度というのは圧倒的なもので、木津信とは比べものにならないくらいの圧倒的な信用力のある、国の作った銀行なんですよね。だから、保護されてしかるべきではないかと思ったんですよ。そこで九五％を提示しました。

ところが裁判官は当初、木津信よりも下でなければ和解できないという考えだったのですが、結局木津信を上回る九〇％で勧告を出したんです。それを受けて預金保険機構などの担当者と協議しました。その時に、裁判所の考えには従わざるを得ないと言っていましたので、拓銀や預金者保険機構は九〇％を飲むのではないかと思いましたが、結局それを蹴ったんですよ。これはショックでしたね。

預金保険機構内部での対応もいろいろあったみたいですね。拓銀は何もしないですよ。預金保険機構に任せっきりです。拓銀の動きは非常に鈍かったですね。拓銀の常務を相手に話した時に道義的な責任は認めてくれましたが、裁判における積極的な対応としてはやはり物足りなかったです」

――山一の場合、元本保証といわれて抵当証券（モーゲージ証書）を購入したのに、「株屋さんに出入りして買ったのだから自己責任でしょ」といわれることが少なくなかったようですが。

「それはこちらも同じです。自己責任ではないかという見方は、たくぎん抵当証券の場合でもありました。

でも、そもそも基本的に、抵当証券というもの自体がおかしいですね。本来、抵当証券というのは一般の顧客、市民を相手に売るための制度ではないんです。もともとは、不動産に対する資金を流動化して行き詰まった銀行などを救済するためのシステムですからね。

抵当証券の最大の問題は、情報がまったくディスクロージャーされてないということでしょう。つまり、買う側が選ぶのではないんです。買う方が選ぶのなら自己責任ということになるかもしれませんが、どこの債務者を割り当てられるのかは抵当証券会社が決めることであって、顧客が選択するわけではないですから、株を買うのとは全然違いますよね。

それで抵当証券会社がいざ破綻してみると、購入者によって運・不運が大きく分かれるわけですから、それを自己責任というのは非常に酷ではないでしょうか。たくぎんの場合も運・不運の差が大きかったですね。結局、そのままでは回収できない人と回収できる人に分かれてしまう。

拓銀の行員自体もこんなふうになるとは思ってないですから、当然信用させて売っているわけで、買う方も当然信用して買っています。たくぎん抵当証券の窓口ではなくて、北海道拓殖銀行の行員が営業政策の一環として、定期預金と抱き合わせで自らが売っているわけです。行員が販売していていて、名称もたくぎんとついているわけですから、買う方は拓殖銀行と一体化して考えますよね。大部分の人が銀行にお金を預けたという認識です」

――山一の場合は、社会的影響の大きい大事件ということで、東京三会の弁護士会が弁護団を立ち上げました。たくぎんの場合、弁護団はどのような経緯で立ち上げたのですか？

「たくぎんの場合、弁護団は札幌弁護士会が立ち上げました。札幌弁護士会が弁護団を立ち上げるというのは初めてのことです。やはり北海道では大きな社会問題として認識したんですね。そして、札幌弁護士会が被害者集会をしました。被害者は思った以上にたくさん集まってきました。ひとつには、マスコミの報道の影響力でしょう。それから、破綻した拓銀の行員が、弁護団に加入するのを勧めていたこともあったようです。

実は、弁護団ができる前に、五〇人くらいの方たちが被害者の会を作っていました。その人たちが拓銀の取締役らと交渉したのですが、返ってくる見込みは全くない、お先真っ暗だという中で、弁護団が結成されたという流れです」

――マスコミの影響力ということでは、山一の場合、全国的に被害者が広がっていて、東京で提訴したため、東京発全国区の報道になったのですが、その分、さまざまなニュースに埋もれてしまったという一面もありました。もう少しマスコミ報道が盛り上がれば、世論の関心ももっと高まって、違う展開になったかもしれないという話を聞きました。その点、北海道ローカルの報道には特別なところがありましたか？

「北海道にとって、拓銀の破綻は地域経済に大きく関わる大ニュースですからね。マスコミは最初から強い関心をもってくれていて、どんどん報道したいという熱心な取材活動でした。大阪の木津信の弁護団に会いに行った時もついてきましたよ。こちらも裁判では必ず要所要所で記者会見をしてきましたし、北海道新聞は社説に書き、論壇でも取り上げてくれました」

——原告の方たちはずいぶんしっかりと組織化されていて、ビラ配りなども積極的だったようですね。山一の原告も、厳寒の中で活動するたくぎん被害者の様子にかなり刺激を受けたそうです。

「北海道全道でビラ配りをやりました。札幌西支店、札幌駅前支店、小樽支店、函館支店など大きな支店の前でビラを配ったり、マイクを持って街頭で訴えたり、銀行のそれぞれの支店長に面会を求めたり、大蔵省に働きかけたりしましたね。それもマスコミが報道してくれて、かなりアピールできたと思います」

――一方で、被害者でありながら原告団にはならなかった人も、三分の一ほどいたようですね。

「裁判の状況が有利になってきたら入りたいという様子見の人もいるんですよね。当初から原告でいる人たちにしてみれば、最初から一生懸命やっているのに、途中から入ってくるのはおかしいのではないかという不満がありますし、また、このたくぎんの和解は原告団に入らなかった人も拓銀から買い取ってもらうことで救済されることになりましたから、それもやはり原告の方たちにとっては不満なんですよね。

でも、あなたたちがやったから救済されたのであって、誰もやらなければ解決はなかったのだからという話をして、理解してもらったのですが、ま、頭では理解しても気持ちとしてはなかなか難しいです。すっきりしないものがあるわけですよね。当然ですよね。でも、誰かがやらなければならない。ボランティア精神のようなものも必要なんです」

――提訴から和解解決まで早かったですね。

「そうですね。とにかく、拓銀が営業譲渡する前に解決をしたいと思っていましたから。結局、第一次和解ができなくてそれは実現しませんでしたが、大型訴訟としては確かに早かったです。弁護団としてはもう少し早く解決したかったのですが」

――先生ご自身の収穫はなんでしょうか。

「なんといっても、これだけの人数の被害を救済できたことが大きな成果ですね。そして、みなさんから感謝されたのでほっとしています。みなさんが納得してくれるような解決になるのかどうかがずっと心配でしたから。預金保険機構との交渉など気苦労が多かったですが、札幌弁護士会から一任されたものが解決できて本当によかったと思います」

破産管財人との交渉、和解成立へ

山一抵当証券被害弁護団が山一證券破産管財人のもとを初めて訪れたのは、山一破産宣告から六日後、六月八日のことだった。

中央区日本橋茅場町にあるそのビルには、かつて山一土地建物株式会社の本社が置かれていた。現在はここで山一證券の清算処理業務が行われている。午前十一時二十分、六階の広い会議室。長いテーブルの一方に松嶋管財人ら五名の弁護士が着席。一三名の管財人チームのうち、訴訟担当の弁護士たちだった。被害弁護団の三名が向かい合う。初対面の挨拶に引き続いて、松嶋管財人は次のように発言した。

「山一證券は現在、一〇〇件以上の訴訟を抱えています。なかでも抵当証券問題については被害者も多数いるし、社会問題だという認識もあるので、できるだけ早く解決したいと考えています」

この時、日隅弁護士は、松嶋管財人に対して「決断が早そうな人だな」という印象を抱いている。必ずしもエネルギッシュなところを前面に漲らせたタイプではないが、じわりと滲み出てくるような雰囲気があった。

「私は、管財人はもう着地点を決めているなと思いましたね。とすればあとは方法論だから、難しい問題もあるかもしれないけれど、なんとかなるなと感じました」（日隅弁護士）

感触は悪くなかった。たくぎんが八五％で和解したという事例まで話題に上った。ようやく実のある交渉を始められるという期待感がふくらんだ。だが、それは、ようやくスタートラインに立つことができるようになったということだったのかもしれない。

この時点で松嶋破産管財人が指摘した問題点は次のようなものである。

(1) まだ管財人に就任したばかりなので、山一證券全般のことがよくわかっていない。時間がほしい。

(2) 仮に原告になっている三五〇〇名と和解するにしても、抵当証券（モーゲージ証書）の購入者九五〇〇名中、原告になっていない六〇〇〇名についてはどうするのか。全体の購入者の過半数があきらめているとなれば、なぜ一部の人（三五%の原告）のみに八五%前後も払うのかという声が日銀等の債権者や政府など各方面から出ないか。

(3) 九月末の債権届け出期日までに山一證券へ債権を主張する組織や個人としてどんな意見を持つ方々が出てくるか、日銀特融の未回収分がどのように処分されるのか、抵当証券購入者への支払い資金をどう捻出するのか、などを検討しなければならない。

難題は多かった。第一回目の協議は十二時半に終了。

七月一日、松嶋破産管財人が東京証券取引所で記者会見を行う。

この席で管財人は、山一の会計監査を担当した中央監査法人を相手取って損害賠償請求訴訟などに踏み切ることを積極的に検討する方針であることを発表。さらに最終的な債務超過額が当初の一六〇〇億円を上回る可能性を示唆。最終的な債務超過額がどの程度になるかについては、「不動産などの資産が順調に売却できるのかわからない」と述べるとともに、「三六〇〇人以上が山一證券の抵当証券の払い戻しを求めている裁判で、仮に敗訴した場合は、さらに負債が増える」との見方を示した。

破産処理手続きでは、三年以内をめどに完了させたいという見通しを示す。そして、「三〇〇〇人以上の顧客らから訴えられている抵当証券訴訟の解決が破産処理完了の前提」と述べ、和解など多様な方法により早期に解決策を探るという考えを強調したのである。

この後、弁護団と山一證券破産管財人との間で、具体的な協議に入っていく。この時点での展望を山口弁護士はこう語っている。

「破産管財人は、山一證券の破産業務を三年で終わらせたいと言っているのですが、この抵当証券自体は原債務者が現存する限り、十年、十五年後に返済期を迎えるという性質の証券であるわけです。破産管財人としてはなんとかしなければならないとはいうものの、十五年先の債権を破産管財人として引き受けるわけにはいかないということで、それを破産管財人の考えている解決スキームのなかにどう組み込んで、解決までもっていくのかというのが難問だったんです。ある意味では技術的な問題ではありますが、実質解決のために乗り越えなければならない課題は山積みでしたね。

たとえば、一〇〇%以上返ってくるようなメドがある所持者とほとんど戻ってこないかもしれないという所持者、十年先、十五年先までさっぱり見通しがつかない証券を持っている所持者という具合に、まったく分かれているのを具体的にどう解決するのかということもそうした課題のひとつでした」

第二回の協議は、七月七日に開かれた。山一證券破産管財人側は、今回よりこの抵当証券問題について三人の弁護士からなる別チームを編成。それは抵当証券問題を重要課題として受け止めているという意味でもあった。

この席で弁護団は、次のような提案を行う。

(1) 十二月十五日の債権者集会までになんとか八五〜九〇%で解決してほしい。

(2) 支払いの純粋原資は五〇億円以下で済む。

一 山一土地建物の七六五〇名一一八億円のうち七五%は数年後に戻る見込みなの

で、実質一五％程度の一七・七億円の拠出。

二　山一情報システムの一番抵当の一六四六名三〇億円は、競売でほぼ全額戻る見込みなので拠出なし。

三　山一情報システムの二番抵当の二三二一八名五〇億円は、三〇％程度は競売後戻る見込みなので実質六〇％の三〇億円の拠出。

四　それ以外の原債務者であるイトイ、誠和、高山ランド、S氏個人も平成二十三年までに全額償還見込みなので拠出なし。

以上の諸権利を山一證券破産管財人が譲り受ける一方で、九〇％分（一〇％は山一ファイナンスから配当されているので実際は八〇％）を個別の所持者に払えば済む。原資は山一ファイナンスが山一證券に配当見込みの四八〇億円の二割で十分（現在、この債権届は異議が出て係争中）。

(3)　原告でない方（非原告）については、相互に協力して被害者の会加入者を増やし、それ以外は債権届けしてもらうことで決着はつけられる。

すなわち、第一回目の協議で松嶋管財人が指摘した問題点、なかでも大きな問題点である原資をどう捻出するかについての具体的な提案である。他の債権者にも納得のいく形で費用の捻出するためには、やはり工夫が必要だった。山口弁護士の熱弁に、管財人チームは熱心に耳を傾けていた。

七月三十日、管財人のチームリーダーである塚越弁護士から、日隅弁護士あてに電話が入る。塚越弁護士は、山一ファイナンスや山一土地建物の配当についての報告を述べたあとで、そのついでのような調子で「次回の協議では私案を出します」と言った。ふだんはどちらかというと重々しい塚越弁護士の口調が、この時は心なしか浮き立っているように聞こえた。

八月六日の協議は、予定を上回る長時間の協議となった。

管財人側が提示した私案は、前回、弁護団が行った提案をさらに具体化したような内容だった。管財人が重視したポイントは二点、債権者平等の原則のクリアと、抵当証券の購入者間のバランスをとることだった。

この私案が示したのは、「信託（ファンド）方式」という道筋だった。それは、山一証券が山一ファイナンスに資金援助として貸し付けていたので返せと主張していた一〇四億円を本件被害回復資金として充てるべきだという弁護団の提案を受けてのものである。山一證券破産管財人はこの貸付金を含む四八六億円について債権届をしたが、山一ファイナンス破産管財人は、この貸付金は返還を免除する約束で貸し付けられたものであり、実質的には贈与されたものであって返還義務はないという異議を出していたのだった。

信託（ファンド）方式とは、山一證券と山一ファイナンスの間で債権額について和解をし、一〇四億円のうち一定額を山一證券が山一ファイナンス破産管財人に信託し、これを原資として抵当証券購入者に償還を行うというものだ。

この時点で、最低八五％という解決のラインが具体的に示された。八五％という数字はある意味で非常に微妙なところだった。弁護団としては、被害者たちには過失相殺されるような落ち度はないし、老後の生活資金としていた人も多かった、だからできるだけ高い水準での解決を望みたいという気持ちは当然持っている。

しかし、あのたくぎんが八五％での和解だったのだ。銀行という預貯金を扱う機関で、なおかつ預金保険機構という預金者保護の組織が機能する状況で八五％の解決である。

これが仮に七五％や八〇％といった数字が提示されたのであれば、弁護団は憤然と迫ったかもしれない。だが、これまでの解決事例をみると、八五％以上での解決をという主張はやや迫力を欠いた。

「しかし、一方で、八五％を超える配当を得られる人について返してくれとか、一〇〇%の人も八五%に引っ込めさせるような形で解決ができないかという話があったんですが、それは突っぱねました」(日隅弁護士)

この日、弁護団が即座に異議を示したのが、原告も原告でない人(非原告)もいずれも一律最低八五%になるというポイントだった。つまり、原告も非原告も同率の解決となれば、結果的に訴訟費用をかけた原告が何もしなかった非原告よりも損をする、ということになってしまう。これは到底のめないと弁護団は主張した。原告に対しては数%の上乗せができないか。管財人側は、債権者平等の原則を崩すことはできないと強く主張。この点についても、なんとか妙手を考え出さなければならなかった。

「それから、この時点で管財人側が出してきた案は、三年くらい財団に資金を積み立てておいて、そこから八五%に満たなかった人についてその額を補填をする、という『補顚方式』の方法論だったんですね。つまり配当が八五%を超えた人については、何もしない。これがどういうことかというと、足りない分だけ補填すればいいわけですから原資は少なくて済む、そのかわり解決までに時間がかかってしまうということです。この時、もうひとつの方法論についても言及されました。それが『買い取り方式』です。こちらは信託財団が被害者から一律八五%で買い上げるというものです。こういう方法もありますということでしたが、この時点で管財人側は補填方式に傾いていました。買い取り方式は事務手続き上の問題もあり、なかなか難しいと」（日隅弁護士）

こうした和解スキーム構築の過程で問題となった点は他にもさまざまある。

たとえば、山一證券が支払いを開始した十一月二十五日に、山一證券が抵当証券についてほんの一部、返還に応じて支払ったケースがあったことだ。その時点で窓口で受領できた人、銀行に振り込まれていて当日すぐに引き出した人たちが存在したのである。しかし、その人たちのほとんどはMMFなど他の商品も購入していたため、そういった商品と相殺され、結果的にMMFなどの商品について返還されない状態になっていたのだ。

こうした人たちに対して、山一證券側は破綻後に何度も「この抵当証券に対して支払ったものは誤払いである」として、返還するように要求してきていた。被害者は当然受領する権利があることを主張し続け、拒絶していたのである（この問題に関しては、その後、弁護団と山一證券破産管財人との協議の中で、山一證券が十一月二十五日に支払った抵当証券については、支払った金額は被害者のもとに残したまま山一證券が抵当証券の権利を買い取り、相殺したとして返還されなかったMMFなどの商品については、その金額を返還するということで決着が図られることになった)。

「結局のところ、山一證券が山一ファイナンスに対して届け出している四八六億円の債権の取り扱いと、これに関連して山一證券からモーゲージ証書を購入した被害者の解決のための資金の捻出方法、出資源をどう確保するかということです。協議の過程では激論が交わされた局面もありました。ただ、全体の方向性は明確でしたから、それがぶれるようなことはありませんでしたね」(日隅弁護士)

その間も、弁護団は、日銀特融との絡みで大蔵省など関係省庁や国会議員への事情説明や被害回復への協力要請などを行う。陳述書の提出準備も夏にはほぼ完了。被害者の会は非原告約六〇〇〇名への債権届委任募集の書類、アンケートの作成、発送作業に追われる。この問い合わせに応じるため、弁護士が数日間事務局に詰めて、電話相談の受付も行った。ビラ配りも少ない人数ながら頻繁に実施している。そして、九月三十日には東京地裁破産部に債権届出を提出。最終的に、原告三五〇三名、新規依頼者(原告でなかったが被害者の会に新たに入会)七九四名の合計四二九七名となる。これで全購入者の半数近くが弁護団に依頼して債権届を行ったことになる。金額ベースでも一一〇億九七〇〇万円の債権届となった。さらに役員訴訟の口頭弁論も継続している。

十月七日以降は、弁護団、山一證券破産管財人、山一ファイナンス破産管財人との三者協議となった。

この日、管財人側は、原告・非原告間の格差について次のような提案を出してきた。たくぎんの解決例にならって八五％で和解をする、弁護団への依頼者も依頼者でない人も同等の条件。ただし、弁護団に依頼した人たちは、すでに着手金と事務連絡費を弁護団に支払っている。これについては別枠で負担をしてもいい。つまり、依頼者が損をするような解決にはしないということだ。これが、管財人側の示した、債権届出者がこれだけ集まったからこそ全体の解決がなし得るということに対する最大限の理解だった。

しかし、損はしないが、プラスもない。

弁護団としては頭の痛い問題だった。八五％という全体解決はよしとしても、一律の解決でやむなしといえるのか、依頼者は全員納得するだろうか。しかし一方で、これ以上、時間をかけるわけにもいかなかった。依頼者には高齢者も多く、提訴からこの一年間で死亡した原告はすでに一五名にのぼっているのだ。弁護団は管財人の立場を理解し、原告の意思確認をする方向に方針を固めていく。

十月十九日、十一月九日と協議は続けられ、徐々に内容が煮詰められていく。最後の問題となったのは、「補塡方式」か「買い取り方式」のどちらを選ぶかということである。弁護団としては、早い時期に一律の解決が図れる「買い取り方式」を選択した方が、高齢者の多い被害者にとってはメリットが大きいのではないかという意見に固まりつつあった。一方、管財人側は、あくまで「補塡方式」で行きたいという方針を変えなかった。「買い取り方式」は、事務手続きの問題もあるし、負担も大きい。山一情報システムの不動産が売却されるなど、解決しなければならない問題がたくさんある、というのである。

いよいよ交渉は最終局面にさしかかった。関係者間の微妙な問題をはらむため、交渉過程は非公表で続けられている。被害者にとっては「いい方向で進んでいる」とはいうものの具体的な内容が知らされず、じりじりした気分を味わうことになる。それはまた弁護団にとっても辛い日々だった。しかし、着実に一歩一歩進んでいる実感があった。

信託財団方式の採用にあたっては、山一ファイナンス管財人に業務上の大きな負担が生じることが予想された。つまり、購入者のモーゲージ証書（に関する権利）は、信託財団で買い取るという形になるわけだが、対象となるモゲージ証書は三八〇〇枚にものぼる。その購入者全員に対して和解解決の金額を受け取るか否かを問う書類を送付し、その質問を受け付けたり、書類がきちんと整って提出されているかどうかのチェックが必要なのだ。山一ファイナンス管財人は、そのための体制を整えることを承諾する。

夏から秋に向けて季節は慌ただしく動いていく。そして街には木枯らしが吹き始めた。

十二月七日の弁護団、山一證券破産管財人、山一ファイナンス破産管財人による三者協議は、「来年はよい年を迎えられそうですね」という山一證券破産管財人の常置代理人である腰塚弁護士の発言で閉会となった。まだ山一情報システムの抵当不動産の売却など不確定要素は残るものの、解決に向けてのスキームはほぼ固まりつつあったのである。

この前日、一二月六日に行われた役員訴訟の第四回口頭弁論の後の被害者集会で、弁護団は集まった被害者約四〇名に相談をもちかけている。もし八五％で解決したならば、依頼者とそうでない人も一律の解決でも納得をしてもらえるのかどうか。被害者たちの意見は、それで解決できるのなら、四割にも満たない情報システムの二番抵当が八五％にもなるのなら、それでよいという好意的なものが大勢を占めた。弁護団は安堵とともに確信を深めていた。

一方、東京地裁民事二〇部（破産部）は、三者協議での解決の方針を概ね了承するとともに、裁判所ではなく弁護士仲裁センターによる解決を提案している。

「あっせん仲裁センターが間に入るというのは、判決と同じ効果をもった形での和解をしたい、そうなると裁判所の和解でもいいんだけれど、裁判所は月に一回ぐらいしか入らないので遅れてしまう、時間がかかるんじゃないかという理由からでした。しかも、あっせん仲裁センターは弁護士会が肝煎りで作っている組織なので、いいアピールの機会になるのではないかと。あっせん仲裁センターが間に入って、こういう大きな事件が解決するというのはまさに画期的なことだったんです」（日隅弁護士）

十二月十五日、よく晴れ上がった寒い冬の日。午前十時半。東京霞ヶ関の日比谷公会堂で山一證券の第一回債権者集会が開かれた。弁護団からは山口団長以下一一名の弁護士が出席、原告団からもおよそ四〇名が出席した。

日比谷公会堂という広い会場が設定されたにもかかわらず、会場は思いのほか閑散とした様子だった。というのは、すでに山一證券の清算業務も概ね終了し、唯一残っている大きな問題というのが、この山一抵当証券問題だったからだ。

朝日新聞　99年12月16日　朝刊

抵当証券未償還

個人購入者かやの外に

山一債権者集会

処理制度の未整備深刻

破産した山一証券の債権者集会会場に入る人たち＝15日、東京都千代田区の日比谷公会堂で

二年前に日本中を金融システム不安に陥れた山一証券の破たん劇。十五日の債権者集会は、場当たり的な処理の矛盾が債権者の明暗を分けた。巨額債務発覚で行き詰まった山一は、破たん処理制度が未整備だったため自主廃業という異例の形で処理が始まり、日銀の特別融資も発動された。転換社債購入者や劣後ローンの供与者ら法人債権者が弁済に優遇される一方、抵当証券を購入した個人債権者らはわきに置かれたままだ。優先されるはずの日銀特融の弁済も、公的資金投入問題と絡んで立ち往生している。銀行の破たん処理における預金保険制度のような基盤が未整備であることが、今も深刻な影響を残している。

代理人、救済を訴え

「社員に謝りながら私たちに謝らない。あなたはどう思うのですか」

山一証券から買った抵当証券が未償還になった女性は集会で涙声で訴えた。最後の社長となった野沢正平氏に裁判長が発言を促したが、野沢氏は「とくにありません」と黙ったままだった。

届けられた約四千五百件の債権のうち、認められたのは日本銀行の特別融資などわずか十八件。否認された債権のほとんどは、山一相手に損害賠償請求を提訴した原告からのものだ。中でも抵当証券関連が九五％も占める。

同じく破たんした旧木津信用組合や旧北海道拓殖銀行など金融機関の抵当証券購入者は、預金保険機構が資金支援することで、返還率八五％の高率で被害者から買い取って解決されており、対照的だ。山一抵当証券被害者の会の代理人、山口広弁護士は、転換社債の購入先企業が全額償還されたのに、抵当証券の購入者が救済されないことの割り切れなさを訴えた。管財人も「これは社会問題。一括解決したい」と、来年二月にも解決する考えを明らかにした。

千葉県船橋市の大型ショッピングセンター横には、山一証券のグラウンドと、計算センターなどが立つ約五万二千四百平方㍍の敷地が残っている。不動産の中で最大規模の存在だが、まだ売却先が決まらない。管財人団は「一括購入してほしい」と望むが、まだ打開策は見えない。

山一の資産は約千九百三十億円に評価替えされた。保有有価証券の売却を進め、全資産の約二五％を現金化した。だが、回収にはまだ約三年かかりそうだ。一方、約三千四百五十億円の負債は抵当証券問題などで「ふくらむ可能性が高い」（松嶋英機管財人）。

旧役員、退職金返さず

山一は旧経営陣に損害賠償請求訴訟を起こすとともに、代表権のあった役員に退職金を返すよう求めている。一九六五年の経営危機では経営危機をもたらした会長、社長経験者が私財を提供したが、今回は数億円の退職金を得た元社長や行平次雄元会長からは「何もない」（管財人団）状態だ。

焦げ付く日銀特融

穴埋め問題大蔵先送り

日銀「国が責任を」

債権者集会の結果、山一への日銀特融のうち千五百億円以上は焦げ付く見通しになった。その穴埋めの問題は宙に浮いたままだ。宮沢喜一蔵相は公的資金の投入を示唆しているが、大蔵省の担当者レベルでは「焦げ付き額が固まるのは一年以上先。それまで話は進まない」と先送りを決め込んでいるからだ。大詰めを迎えた二〇〇〇年度当初予算編成でも、財政資金の投入はほとんど検討すらされなかった。

大蔵省は、公的資金を投入する場合には証券業界で作る日本投資者保護基金にも負担させたい考えだが、業界の反発で話し合いは進んでいない。

大蔵省内には「日銀特融も広い意味での公的資金。日銀はすでに特融分の引当金を積み終わっており、これを償却する一方、日銀の利益から出る国庫納付金を減らせば問題は解決する」という声すらある。一方、日銀は「最終的には国が特融返済の責任を持つこと」と、大蔵省側の出方待ちの状態だ。

山一證券債権者集会の報道でも抵当証券問題がクローズアップされた

壇上中央に姿勢よく着席した裁判官は、朗々とした調子で議事を進行する。それはまさに山一抵当証券被害者のための債権者集会だった。

この時の印象を出席した原告のひとりHさんがこう記している。

「当日は、朝から落ち着かず早々と家を出ましたので、だいぶ早く日比谷公会堂に着きました。事務局と世話人の方々と会い、日比谷公会堂前で一緒にビラ配りをさせていただきました。

十時三十分少し前に、山口先生をはじめとして弁護団の先生方が到着。私たちも一緒に公会堂の中へ入りました。

壇上には、すでに三名の裁判官と書記官一名、山一證券の破産管財人である松嶋弁護士と八名の常置代理人、四名の管財人補佐、そして破産者として野澤元社長とその中立代理人、その他数名が席に着いており、すぐに開会となりました。

はじめに、松嶋管財人から経過説明を受けて、次に山口弁護団長が質問書を読み上げて、山一側に即答を求めました。四つの質問に対する松嶋管財人の回答は、心からの誠意が感じられ、平成十年十月十九日に行われた山一ファイナンスの債権者集会で受けた怒りは、今回はありませんでした。

というのも、松嶋管財人が弁護団および被害者の会のこれまでの行動を評価し、被害者への配慮を示したからです。松嶋管財人は、被害者の会のみなさんからの連日の手紙、電話、ＦＡＸ攻勢の対応に追われていることを明らかにしたほか、『山口先生から、金を出せ！　金を出せ！　としつこくしつこく催促されていまして……』と漏らしたので、思わず苦笑いしてしまいました。松嶋管財人が同じ弁護士の立場として、山口先生のご尽力を称えてくださったのも、松嶋管財人の人柄がうかがわれて嬉しいことでした。

ただ、ひとつ心残りなのは野澤元社長から、一言も謝罪の言葉が聞けなかったことです。でも、きっといつか役員責任を問われるでしょう。その件も含め、希望が見えてきた現在、弁護団の先生方とともにこれからも頑張って参りましょう」

実際、会場では裁判所の回答も含め、「解決にあたっては、山口先生が例示されました兵庫銀行や木津信金、拓銀のケースも先例として参考になろうかと考えています」「山口先生をはじめ、弁護団の先生方のご協力をいただきながら、早期解決に努力したいと思っています」といった具合に、たびたび山口弁護士の名前を織り交ぜて、被害者の理解を得ようとする配慮をみせていた。

対照的に、被害者から「いったいどう思っているのか、何か意見はないのか」と問われた野澤社長は、うつむいたままぼそぼそと「特にありません」と答えるだけだった。一年前の山一ファイナンスの債権者集会でも集会の主役は山一抵当証券の被害者だった。しかし、その役回りは大きく変わっていた。そして主役たちは、最後のクライマックスシーンを待つばかりとなっていたのである。

翌二〇〇〇年三月二十九日。被害者たちに弁護団から一通の手紙が届いた。解決の報告だった。

「弁護団は、四五〇〇名近くの被害者の怒りの声をバックに山一證券破産管財人、山一ファイナンス破産管財人、これら管財人を指導する東京地方裁判所破産部の裁判長、抵当証券保管機構、大蔵省や金融監督庁の担当者などの各方面との交渉を重ねて参りました。

その成果として、ようやく実質八五％（一部についてはほぼ一〇〇％）の返済を確保することができましたことを、ここにご報告させていただきます。

重ねて書きますが、この解決は約四五〇〇名の皆様が声を上げ、山一證券に対し訴訟を起こして返済を求め、また、山一證券の役員らに対して返済の圧力をかける訴訟を起こし、さらに、原告の少なからぬ皆様が、国会議員に（手紙などで）直接訴えたり、地道に大蔵省前でビラ配りをするなど数々の運動を実行してきたことの成果です。

過去の木津信抵当証券や拓銀抵当証券の解決と同程度の解決案の実現まで受任して二年がかかることになってしまいましたが、（和解解決が）達成されましたことに重責を果たせた安堵と、ご協力いただいた皆様への感謝の気持ちで言い表す言葉もありません」

すでに被害者通信により「全体解決までもう一踏ん張り」といった表現で、最終合意に向けて順調に交渉が進んでいることは伝えられていた。八五％の和解でいいのかという意思確認も何度か行われていた。ただし、破産手続きの中で裁判所の許可や各方面の承認を得ながらの複雑で微妙な交渉が続いていたため、具体的な途中経過は公表されていなかったのである。

かねてより弁護団では、イトイ、誠和、高山ランドなど、現在も利息を払い、弁済期には返還している業者（原債務者）に対して、銀行などから借り換えをして、保管機構に一括して返済をしてもらえないかという申し入れも行ってきた。しかし、現実的には、担保などの問題があり、なかなか難しいというのが彼らの見解だった。

和解解決にむけて最後の大きな弾みをつけたのは、山一情報システムの抵当物件競落人が決まったことである。九九年末に決定したこの吉報が弁護団のもとに届いたのは年明け早々のことだった。競落価格は二〇億円余。鑑定のもとに販売されていた抵当証券は一〇〇億円分だから、五分の一の価値しかなかったことになる。しかし、この売却金のほとんどは一番抵当として設定されたモーゲージ証書の弁済に割り当てられる。これで一番抵当権の人たちは、解決のスキームに入れなくてすむことが決定し、信託財団の基金の額も確定することになる。一月一九日には「買い取り方式」を採用することが最終決定した。これで、いよいよ実務レベルでの作業に入っていけることになったのだった。

最終的に決定した和解策は、山一證券破産管財人が山一ファイナンス破産管財人の草野耕一弁護士に、一定額の資金を預けて（＝信託財団）、出資金元本の八五％の金額からすでに被害者が受け取っている金額を差し引いた金額を一律に支払うというもの（＝信託契約）だった。具体的にはこの信託財団の基金は四五億円。その結果、本来、モーゲージ証書の所持者が各原債務者などから今後受ける元利金の受領権限などのすべての権利は、信託財団に譲渡することになる。

手続きとしては、被害者のもとに山一ファイナンス破産管財人から「受益の意思表示をするか否か」を問う文書が二〇〇〇年八月頃に届く。受益の意思表示とは、八五％の金額を今年中に受領し、証券の権利については放棄するという意思の表示のことである。その意思表示をすることにより、晴れて被害を回復することができるというわけだ（実際に届いた「受益の意思表示」に関する書類は、個別に買い取ることになる金額を明示して通知するなど、細かい配慮もなされ、スムーズな手続きとなった）。

ただし、前述したように、この和解は購入者一律の取り扱いとなった。山一證券および山一ファイナンスの管財人としては、立場上、どうしてもすべての被害者を一律に取り扱わざるをえなかったからだ。しかし、弁護団としては、弁護団に依頼して立ち上がり頑張った人々が、結果的に何もしなかった被害者と比べて費用の点で損をするような事態だけは避けたかった。そこで、弁護団は、山一證券破産管財人が示した、被害者から受領した資金を弁済するための費用を公益的費用として別途拠出する提案を受け入れ、着手金と事務連絡費を依頼者全員に全額返還することにしたのである。

解決にともない、山一證券に対する損害賠償訴訟と仮差し押さえの取り下げ、役員訴訟についても全原告七〇名から同意を取り付けて取り下げることが決まった。

以後、抵当証券保管機構も、本来であるならば債権者を変更することができないと約款に定められモーゲージ証書の名義を変更するための準備に取りかかっていく。高齢の購入者が多かったため、解決までに死亡し、相続人がつかないケースなども想定された。さらに五月以降には、山一ファイナンスや弁護団の事務方を交えた事務方レベルでの話し合いを持ち、事務手続き上における細部の問題点までさまざまな検討が重ねられていった。

二〇〇〇年四月十五日。東京四谷、主婦会館プラザエフ。春の雨が街を濡らしていた。最後の被害者集会に足を運ぶ被害者たち。それまでの被害者集会の厳しい表情とは一転して、笑顔のこぼれる集会となった。冒頭、和解の詳細な説明、これまでの弁護団・被害者の会の活動内容、将来の課題などについての報告。弁護士たちは軽やかな口調のなかに深い安堵感をにじませる。その後、グループに分かれての質疑応答。明るい色調で統一された落ちつきのある会場がしばし華やぐ。集会終了後は、山口団長や担当弁護士を囲んで記念撮影をする被害者たちもいた。

「実はこの時まで、ほんとうに八五％でみんな納得しているのか、いろいろな意見が出

最後の被害者集会（2000年4月15日）

るんじゃないかと、かすかな不安はあったんです。もちろん、意思の確認は何度もとっていたんですけどね。でも、この日はみなさん喜んでくれて、その喜びを共有しようという感じで出席されていた方が多かった。そこではじめて、やっと解決したなと思いましたね。これだけの人数ですから、いかにコミュニケーションを維持して、うまく理解してもらって、納得してもらえるようにするかということがとても大事なんです」（日隅弁護士）

「こういった解決スキームに十分な理解をしてもらえなくて、不満を感じる人がひとりでもふたりでもいれば、こちらとしても困るわけですが、その点、みなさんよく理

解して喜んでくれました。本当によかったです」（山口弁護士）

夢のようだ、と話す被害者がいる。苦労が報われた、と涙する被害者がいる。ありがとうございましたと何度も頭を下げる被害者がいる。

山一抵当証券の被害者たちは、ごく普通の、というよりはどちらかというとむしろ堅実な人生を求める人々で、その大部分が高齢者や主婦だった（解決の知らせを聞く前に、無念のうちに亡くなった依頼者も二〇名を超えている）。

そんな人々の人生を大きく狂わせたのが、自ら破滅に向かって突き進んだ山一證券と抵当証券（モーゲージ証書）というきわめて問題あるシステムだったのだ。

全国に散在する被害者たちは立ち上がり、その闘いの中で、やがてビラをまき、手紙を書き、声を上げ始めた。そうした行動こそが自分の権利を守り、社会を変えていく力となることを被害者たちは身をもって感じたことだろう。

被害者たちと弁護団の活動は、現在の日本の経済・金融システムの脆さ、危うさを炙り出す。そして、責任の所在が雲をつかむように曖昧なその構造を。最終的に被害者たちは最低八五％という結果を勝ち取ることができた。この数字はたくぎん抵当証券の和解と同水準ではある。だが、相手が「預金」の銀行ではなく「投資」の証券会社であることを考えれば、無数の努力とさまざま幸運が重なった上での画期的な決着だったといっていいだろう。しかし、一方で忘れてならないのは、結局、売った側、それを監督する側の誰ひとりとして、このような事態を招いた責任を問われることがなかったという事実である。

なんの落ち度もないお年寄りの老後の生活資金が闇に葬られてしまうという理不尽極まりない出来事を拱手傍観するだけの社会（企業・行政・政治）、情報開示もせずに弱者に自己責任を押しつけるような社会に、どんな未来があるというのか。

事務局では、銀行とオンライン接続して振り込みを実行できるエレクトリックバンキングを活用して、四五〇〇人近い依頼者に着手金および事務連絡費を返還した。十月末には、信託財団から和解金が振り込まれた。

今、事務局は、二〇〇一年二月末の事務所閉鎖を静かに待ちながら残務整理を続けている。その壁面いっぱいに設置された四台のスチール棚には、膨大な量の訴訟資料がぎっしり並べられている。四四七二人におよぶ依頼者たちの苦難、そしてその被害回復のための貴い闘いの記録である。

資料

「訴　状」（注：第六次提訴時の訴状）

当事者の表示　　別紙当事者目録記載のとおり

山一抵当証券償還金請求事件

訴訟物の価額　金二一〇万円

貼用印紙額　金一万六三〇〇円

【目次】

請求の趣旨

請求の原因

第一　当事者

一　被告、山一ファイナンス及び山一グループ

二　原告ら

第二　抵当証券とモーゲージ証書

一　抵当証券

二　モーゲージ証書

三　金融商品としての山一モーゲージ証書の特徴

第三　山一グループの資本・資金関係と被告の役割

一　存続上の依存関係

二　資本・人事関係

三　被告によるグループ各社の資金管理・支配状況

第四　本件証書販売の実態

一　人的・資本関係ならびに資金の流れと被告の支配

二　購入の実態

三　販売の態様

四　資金の流れ

第五　被告の責任

一　金融商品の売主責任

二　黙示の保証
三　名板貸し責任
四　不法行為責任
第六　まとめ

請求の趣旨

一　被告は、各原告に対し、各金一〇万円を支払え。
二　訴訟費用は被告の負担とする。
との判決並びに第一項につき仮執行の宣言を求める。

請求の原因

第一　当事者
一　被告、山一ファイナンス及び山一グループ

1　被告は、明治三〇年創業された小池国三商店を沿革とし、昭和一八年九月三〇日設立された、創業一〇〇年の歴史をもつ、資本金一二〇〇億円、従業員数七〇〇〇名を超え、わが国の四大証券会社の一社であった。

被告は、平成九年一一月、国際的な格付機関による格下げが報じられ、大蔵省により多額の簿外債務の疑いがあることが公表されたことを契機として、自主廃業に向け営業を停止した。被告は、平成一〇年六月二六日の株主総会で解散決議が成立しなかったため、解散判決を得て清算を行おうとしている。

2　山一の名を冠した国内企業は、被告を中核として、人的、資本上の密接な関係を有し、企業グループ「山一グループ」を形成していた。資本関係は、甲第三号証の一一及び五号証の五のとおりである。山一グループには、

①株式会社山一エンタープライズ（大正八年一二月設立 資本金八〇〇〇万円）
②山一證券投資信託委託株式会社（昭和三四年一二月一日、資本金一五一億円）
③山一土地建物株式会社（昭和三五年七月五日 資本金五億円）
④山一投資顧問株式会社（昭和四六年一一月二二日 資本金一二億円）
⑤山一ファイナンス株式会社（昭和四八年一二月一五日、資本金一七六億八千万円）
⑥株式会社山一證券経済研究所（昭和四九年四月一日設立、資本金五億円）

⑦山一情報システム株式会社（昭和五八年六月二九日設立、資本金四億円）

⑧山一信託銀行株式会社（平成五年八月二三日設立　資本金二〇〇億円）

山一ビジネスサービス株式会社、株式会社山一ワールドツーリスト、山一エコー商事株式会社が含まれていた（以下、以上の各社については、「株式会社」を略していう）。

3　被告の営業停止に伴い、山一土地建物、山一ファイナンスが自己破産を申し立てて破産宣告を受け、山一證券経済研究所、山一情報システムが特別清算開始決定を受けている。

4　山一ファイナンス

(一)　山一ファイナンスは、平成二年一二月、山一グループのノンバンク分野での業務を拡大強化するため、山一総合ファイナンス株式会社（昭和四八年設立。融資業）、山一ユニベン株式会社（昭和五七年設立。ベンチャーキャピタル業）及び山一カードサービス株式会社（昭和六〇年設立。クレジットカード業）の三社が山一総合ファイナンス株式会社を存続会社として合併して、山一ファイナンス株式会社と改称した会社であり、有価証券の取得、保有、運用及びその斡旋、金銭の貸付及びその斡旋、抵当証券の管理、保有、売買及び売買の仲介並びに抵当証券に係わる債務の保証等を目的とし、融資業務、抵当証券業務、リース業務、ベンチャーキャピタル業務、クレジットカード業務などを行っていた。

(二)　山一ファイナンスは、いわゆるバブル経済の崩壊により財務内容が急速に悪化し、平成八年には、被告から一五〇〇億円もの支援を受けたが、再建ならず、被告の廃業に伴い、自己破産を申請し（甲第二号証）、平成一〇年三月二日破産宣告を受けた。

㈢　右破産宣告に先立ち、山一ファイナンスは、カーギルインベストメンツジャパンに対し、平成九年一二月二二日、抵当証券業務以外の融資業務に関わる営業資産について営業譲渡し、クレジットカード業務などをユーシーカードに移管した。

㈣　山一ファイナンスの株式のうち、山一土地建物が九五〇万株（六一・八五％）を有する最大株主会社であり、山一情報システムが一七〇万株（一一・〇七％）、山一證券経済研究所が一〇〇万株（六・五一％）、被告が七七万株（五・〇一％）を有していた。即ち、山一ファイナンスは、山一グループ企業に株式の大半を保有された被告の支配下にある会社であった。

二　原告ら

原告らは、いずれも被告から、山一ファイナンスが他への融資債権を被担保債権として抵当権を設定した抵当証券をもとに発行した「モーゲージ証書」（以下「山一モーゲージ証書」という。）を購入した者である。

原告らが現在保有するモーゲージ証書（以下「本件証書」という。）の明細は、別紙債権目録記載のとおりである。

第二　抵当証券とモーゲージ証書

一　抵当証券とは

1　抵当証券は、抵当証券法（昭和六年法律第一五号）に基づき、抵当権と被担保債権を一枚の証書に表示した、法務局が発行する有価証券であり、抵当権付き債権の譲渡は裏書交付により行われ、行使には証券の所持を要する呈示証券である。

2　抵当証券業者は、企業や個人に融資した貸付債権とこれを担保する抵当権について、抵当証券の発行を受けるが、この融資債権の返済期限は、通常一年から三〇年である。

二　モーゲージ証書とは

1　抵当証券業者は、原債務者に対し大口の融資をなし、この貸付債権について抵当証券の発行を受け、右抵当証券上の権利をもとに、数十万円から数百万円の小口化した権利を、一般投資家、消費者に販売し、その際、購入者には、抵当証券取引証を交付し、抵当証券原券は抵当証券保管機構に寄託する。右の証書がいわゆるモーゲージ証書である。

2　抵当証券業者は、モーゲージ証書購入者に対して、抵当証券業者が作成する約款による契約関係が成立するものと主張する。

3　モーゲージ証書上の権利は譲渡性がなく呈示証券でもなく、次の点からみても、抵当証券の原券とは異なる金融商品である。

①　抵当証券自体の裏書交付はなされず、保護預かりにより抵当証券業者が保持するものとされている。

②　利率が原債権とは異なっている。

③　原債権の元利金の取立は、抵当証券業者が行い（約款によれば、モーゲージ証書購入者は取立委任をなすものとされている。）、抵当証券業者の倒産の場合は、抵当証券保管機構が取立をなすものとされている。

④　購入者の権利は譲渡禁止とされている。

⑤　抵当証券業者が、原債権の弁済期前のある時期に買い戻す約定があり、小口投資家への販売に際しては、買戻し時期を満期として販売されている。

4　抵当証券会社が破産した場合には、モーゲージ証書購入者は、抵当証券原券の債務者に対する債権及び抵当権持分を抵当証券保管機構に委任して行使することができる。しかし、抵当証券原券の債務者自体が破綻し、抵当物件の価格が抵当債務額に及ばない場合は、購入者は出資元金の全額償還を受けられない。

5　従って、モーゲージ証書の金融商品としての安全性、確実性は、もっぱら、モーゲージ証書の発行主体の信用にかかっている。大蔵省・法務省が組織した抵当証券研究会でさえ

「投資家が抵当証券を購入するにあたっては、債務者の弁済能力や抵当物件の換価価値に加え、抵当証券会社の信用性や財務基盤を相当程度重視して取引を行っているものと考えられる」（大蔵省・法務省抵当証券研究会「抵当証券取引について」ＮＢＬ三七九号四五頁）と指摘しており、実際にはモーゲージ証書には、債務者名や抵当物件名が記されることはなく、投資家はもっぱらモーゲージ証書の発行・販売会社の信用性や財政基盤に基づいて取引をしている。

三　金融商品としての山一モーゲージ証書の特徴

1　山一ファイナンスは、昭和五九年から抵当証券発行特約付き融資を開始し、抵当証券業の規制等に関する法律に基づき登録を受け抵当証券業を営んでいたが、自己破産申立時、八名の債務者に合計約三六八億円を貸し付けて、のべ一万四九一八名（名寄せ後九七九五名）に合計三一九億九二〇〇万円のモーゲージ証書を発行し、そのうち約二四〇億円分を、被告が、抵当証券の名称で、原告らを含む一般投資家に販売していた。

2　抵当証券発行特約付き融資のうち、山一土地建物株式会社に対する、名古屋市中区錦三丁目の土地建物（被告名古屋支店社屋及びその敷地として使用）に抵当権を設定した融資額が一二〇億円、山一情報システム株式会社に対する同社所有の船橋市の不動産に抵当権を設定した融資が一〇〇億円である。いずれの不動産の価格も、抵当債権額に満たない実情である。また、高山ランド株式会社に対する抵当証券発行特約付融資は、すでに支払遅滞が始まっており、抵当不動産の価格も債権額にはるかに及ばない。

3　山一土地建物は、主に被告を始めとする山一グループ各社に所有不動産、賃借不動産を賃貸し、ビルを管理する業務を行っていたが、被告の営業休止により賃料収入が確保できなくなり、金融機関からの多額の融資金の支払いが不可能となり、平成九年一二月一六日自己破産を申し立て（甲第四号証）、同日破産宣告がなされた。

山一土地建物は、資本関係上は山一ファイナンスの最大株主であり、一方山一土地建物の株式の九〇％は山一エンタープライズが保有している。

4　山一情報システムは、山一グループのコンピューターによる情報処理、情報システムの開発・運用・受託、コンピュータによる情報処理・情報提供サービスを業務としていた会社であり、被告の各種業務に関する情報処理、提供を一手に引き受けていたが、同社について、平成一〇年四月一三日、特別清算開始決定がなされた。

山一情報システムの発行済株式八〇〇〇株（四億円）のうち、山一ファイナンス、山一エンタープライズ、山一證券投資信託委託が各二〇〇〇株ずつ、山一グループの他社が一六〇〇株を保有している。

5　山一土地建物は、破産申立の際、山一ファイナンスに対する債務一七七億円を抵当証券が発行された負債として計上しているが（そのうち五七億円は東京都日本橋所在の不動産を担保とし、法人一社が購入者である。）、債権者を山一ファイナンスとして、モーゲージ証書購入者とはしていない。なお、同社は、債権額一七七億円に対して別除権価格を六六億六三〇〇万円（三七・六四％）としている。

また、山一情報システムも山一ファイナンスに対する債務金一〇〇億円について、山一モーゲージ証書購入者を債権者とはしていない。

即ち、山一土地建物、山一情報システムは、山一ファイナンスが発行した山一モーゲージ証書の販売によっては、抵当証券に表示された抵当権付債権が移転しないものと扱っている（甲第四号証山一土地建物破産申立書三二頁）。

6　山一モーゲージ証書は、原告ら一般投資家に対し、安全で確実な満期一年の金融商品と説明して、被告の本支店窓口で販売され、一年満期で元金が利金とともに償還された後、再び同様の説明に基づいて販売されていた。

山一モーゲージ証書記載の抵当物件は、被告が原告ら各購入者に各山一モーゲージ証書の販売に当たって機械的に割り当てたものであり、購入者にはモーゲージ証書の裏付けとなる抵当物件や原債務者に対する情報は与えられていない。各購入者は、購入時に抵当不動産や原債務者を選択する機会は全くなかった。また、山一ファイナンスは約款を作成していたが、モーゲージ証書の購入申し込み及びその代金支払いは被告宛てになされ、代金支払い前に約款は交付されなかった。

従って、本件証書は、山一グループの中核である被告の信用に依拠した、本来の抵当証券と異なる金融商品として販売されたものである。

第三　山一グループの資本・資金関係と被告の役割

一　1　山一土地建物は、被告が監督官庁から不動産部門を独立するよう指導を受けたことから、被告の不動産所有管理部門を別法人格とした会社であり、主に被告またはそのグループ各社に店舗、社宅を賃貸する業務及びそれらの管理業務を主要業務とし、また、金融面の信用を被告に依存し、被告が資金の流れを支配管理していた会社であった。

2　山一情報システムは、被告業務のコンピューターによる処理を主要業務とし、山一ファイナンスは、被告が資金の流れを支配管理していた。

3　被告の営業停止により、山一ファイナンスと山一土地建物の両社は、自己破産を申請し破産宣告を受け、山一情報システムは特別清算を開始しており、右各社は、被告の業務の一部を担当し、被告の存続なくしては、財務面でも、業務面でも、存続し得なかった会社である。

二1　山一グループの株式持ち合い状況は、甲第三号証の二及び甲第五号証の五のとおりであり、山一ファイナンスの最大株主は山一土地建物であり、山一土地建物の最大株主は山一エンタープライズであり、山一情報システムの株式のうち九〇％を山一グループが保有している。

2　山一ファイナンスの破産申立当時、山一ファイナンスの従業員八三名のうち七〇名が被告からの出向者であった。

3　山一土地建物は破産申立当時、従業員数五四名であり、山一土地建物、山一情報システム、山一ファイナンスの役員は、被告役員との兼任者及び転籍者であった。

三　被告によるグループ会社の資金管理、支配

1　山一ファイナンスの有する余剰資金の大部分は、被告に預け金として預けられており、同社の手持ち現金あるいは預金は小額に押さえられていた。山一ファイナンスが抵当証券の買い戻しや、金融機関への元利金の支払等でまとまった資金が必要な場合は、被告から預け金の返還を受けて支払いに充てていた。

2　山一ファイナンスは、破産申立当時、帳簿上被告に対し六〇四億一九〇〇万円、山一土地建物に対し四六五億円の借入負債があった。

山一ファイナンスの破産申立書によると、山一ファイナンスが山一信託銀行に対して有して

いた額面三〇一億円のアイルランド国債の信託受益権は、山一信託銀行の貸付有価証券と相殺主張される可能性があったが、山一信託銀行は右債権を山一證券に対して譲渡したようであると記載されている。このように、山一グループ各社、特に山一ファイナンスの債権債務は、被告により決済されていた。

3㈠　山一土地建物の余剰資金の大部分は、山一グループ各社に対する支援のための貸付等にまわされていたため、山一土地建物の手持ち現金や預金は少額に押さえられ、まとまった資金が必要な場合には、被告からの指示により、被告または山一グループ各社より必要資金が手当てされ、それを金融機関への支払に充てていたのであり、事実上同社の資金繰りも、もっぱら被告に支配されていた。

㈡　山一土地建物は、破産申立当時、被告に対し八五九億七七〇〇万円、山一ファイナンスに対して一七七億円（抵当証券発行済）の負債を負っていたが、一方被告に対し一八億七五〇〇万円、山一ファイナンスに対し四六五億円、山一エンタープライズに対し五〇六億円の貸付債権を有している。

㈢　山一土地建物は、被告または山一グループ各社の必要資金を調達するために、所有不動産等を担保に差し入れて富士銀行から三五七億円をはじめとして金融機関から合計二四〇〇億円の融資を受けたが、これらの金融機関は被告の信用に基づいて融資していた（甲第四号証二六頁）。

4　以上のとおり、被告の企業グループによる抵当証券事業は、被告による資金調達業務の一環として行われ、被告が販売代金、買い戻し資金を支配管理していたものである。

第四　本件証書販売の実態

一　人的及び資本関係、資金の流れと被告の支配

1　被告は、山一ファイナンスに被告の支配下にあることを明示する「山一」なる名称を使用させ、被告の絶大な信用を利用させて前記山一グループの一員として営業を行わせていた。

2　破産申立当時、山一ファイナンスの従業員八三名のうち七〇名が被告からの出向者であり、役員は、被告役員との兼任者及び転籍者であった。

3　山一ファイナンスの発行済株式のうち、山一グループが株式の九〇％以上を保有している。

二　購入の態様

1　原告らのほとんどは、本件証券購入当時、被告の本店あるいは支店に口座を有するなど、被告と取引関係にあり、被告の本支店において、被告に対して購入申し込みを行い、その代金を支払い、本件証書の交付を受けて、本件証書を購入したものである（甲第七号証乃

至甲第九号証)。

2　申込書の作成や代金の授受等の手続きは全て被告の店頭等において被告の従業員との間で行われ、さらに、モーゲージ証書の買戻しや中途解約の手続なども全て被告の店頭で受け付けられ、買戻金等も被告の本支店の顧客口座に入金処理されていた。このため、本件証書の購入にあたり原告らが山一ファイナンスの従業員と直接接触したことはなかった。

3　代金は、被告に寄託していた投資信託の払戻金や株式の売却金等がそのまま充当された者も多い。

4　原告らは、安全で確実な商品であると表示した、被告従業員の交付したパンフレットや被告店舗に掲示された広告、あるいは被告従業員の勧誘や説明により、被告の支払能力を信用して、本件証書を購入した。

三　販売の態様

1　商品内容についての表示

(一)　被告従業員は、原告らに本件証書を販売するにあたり、モーゲージ証書という特殊な金融商品の正確な内容を説明せず、元本保証のある商品として説明をして、本件証書を販売した。

(二)　購入見込み客に配布されたチラシには、安全確実と記載され、募集要項欄には利率、価格、利払日及び償還日しか記載されておらず、元本保証のある預金類似の金融商品と認識させるものであった。

㈢　また山一ファイナンス名義の約款は、申込前に購入見込み者に提示も配布もされず、文字が小さく、しかも専門用語が多くて内容も複雑であり、原告ら一般投資家が読んでも容易には理解できないものである。

㈣　被告従業員は、購入見込み客に対し、チラシなどを配布していたが、これらを読んだだけでは、一般の顧客がモーゲージ証書取引の内容やその発行主体が被告ではないこと、さらには購入者が有することになる本件証書上の権利内容等について正確に理解することは極めて困難であった。

2　販売主体についての表示

㈠　被告が配布したチラシにおける、抵当証券の発行・販売に関する説明欄では、抵当証券の販売が、被告と顧客との間で行われると記載されていた。

チラシの下部に発行会社名及び取扱会社名が記載されているが、その記載方法は、「山一ファイナンス」及び被告である「山一證券」の名前が大きく書かれ、各社名の上にごく小さく「抵当証券業者は・・・・」及び「お申し込みは・・・・」と記載してあるのみで、山一ファイナンスが発行主体であることは判別できないようなものになっている。

(二) 申込方法、入金方法、元利金支払方法の全てにおいて被告が行うことが右チラシに明記されており、実際に被告がこれらの業務を担当した。

(三) さらに、チラシには「安全確実」との太字の表記のもと、「元利金の支払いについては山一證券グループの山一ファイナンス株式会社（ＹＦＣ）が保証しています。」とわざわざ山一證券の名前が使われており、被告の信用に基づく金融商品として表示されている。

(四) 原告らは、被告従業員からモーゲージ証書の販売主体が被告とは別法人の山一ファイナンスであり被告は単なる取り次ぎ業務のみを担当するものである旨の説明を受けたことは一度もなく、かえって、「山一證券が扱う商品なので安心です」というような、販売主体が被告であると認識させる説明を受けていた。

右の表示・説明は、被告が販売主体であり、売主であることを示すものである。

四　資金の流れ

1　本件モーゲージ証書の代金は、被告本支店の口座に払込まれ、被告本支店が買戻代金を支払っていた。

2　山一ファイナンスの有する余剰資金の大部分は、被告に預け金として預けられており、山一ファイナンスの手持ち現金あるいは預金は少額に抑えられてきた。山一ファイナンスが抵当証券の買戻等でまとまった資金が必要な場合には、被告から預け金の返還を受けて支払に充ててきた。（甲第二号証三〇頁）。

平成九年一一月二五日、被告が営業休止の届け出を行い、相殺予定であるとして、同日が支払期日となっていた三五億円のモーゲージ証書の償還金の取崩しに応じなかったため、モーゲージ証書の約定の償還金は支払停止状態となった（甲第二号証三〇、三一頁）。

3　前記のとおり、山一グループ各社、ことに山一ファイナンス、山一土地建物の資金管理は、被告が行っていた。被告の破綻の原因となった、「飛ばし」においても、被告は、グループ内企業を使って資金を調達したり、損失を「飛ばし」ていた。

また、山一ファイナンスからの抵当証券融資三六八億円のうち、二七七億円が、山一情報システムと山一土地建物に対する融資であり、そのうち一八〇億円についてモーゲージ証書が原告ら一般消費者に販売されたものである。

本件証書販売は、被告グループの資金調達と、被告の販売手数料名目の収益取得の目的で行われたものである。

第五　被告の責任

一　売主としての責任

1　本件証書の如き貯蓄型の金融商品の購入判断においては、元本償還の確実性と償還期間の遵守が最も重要な要素である。前記第四に記載したとおり、被告は、安全確実な（即ち元本保証のある）満期一年の金融商品として、本件証書を販売し、その代金を受け取ったのであって、その実態に鑑みれば、右金融商品の売主である。従って、被告は売主として、表示した内容（元本保証のある、一年後償還）の金融商品であることについて品質保証義務があり、本件証書に表示された元利金の償還を被告自ら各原告に約定したものである。

原告らが購入した、各本件証書の元金額・償還期日は、別紙債権目録記載のとおりである。

ただし、山一ファイナンスは、平成一〇年三月二一日、破産宣告を受けたので、破産法一七条により、同日償還期限は到来している。

二　黙示の保証責任

1　原告らが購入した本件証書取引における抵当証券取引約款（以下「本件取引約款」という。）においては、山一ファイナンスは、本件証書に記載された買戻日（満期）に元金及び約定の利息をもって抵当証券を買い戻す義務がある（第九条）。この買い戻しは実質は元金の償還及び利金の支払であり、被告の配布したチラシでは償還日と記載されている。

2　原告らが保有する本件証書の各償還日は、別紙債権目録記載のとおりであるところ、山一ファイナンスは平成一〇年三月二一日破産宣告を受けたから、破産法一七条により原告らの山一ファイナンスに対する本件証書元金の償還請求権は右破産宣告の日に期限が到来したものとみなされるが、山一ファイナンスは破産宣告を受けており本件証書の買戻しに応じる資力はない。

3　前記第四の販売実態のとおり、被告は、安全確実な被告の信用に基づく金融商品として、被告の財務基盤を信頼した原告らに本件証書を販売したのであり、本件証書の買い戻しについて黙示の保証をしたものである。

4　したがって、原告らは、被告に対し、本件証書の元利金の償還を請求する権利を有する。

三　名板貸責任

1　被告は、被告の商号の要部である「山一」の使用を山一ファイナンスに許諾し、かつ、前記第四に記載したとおり、原告らは、被告が本件証書の発行主体であると誤認して、本件証書を購入した。

2　したがって、被告は商法二三条の類推適用により、本件証書取引によって生じた債務につき履行義務を負うものであり、原告らに対し、本件証券取引約款に基づく本件証書上の元利金の償還に応じる義務がある。

四　被告の不法行為責任

1　山一ファイナンスの償還能力欠如

(一) 原告らは、別紙債権目録記載のとおりの各購入日に本件証書を購入したものであるが、山一ファイナンスはすでに平成五年には、一〇〇〇億円の債務超過の状況にあった。

(二) 被告主導による山一ファイナンスの再建計画が実施されていたが、被告の財政的支援がなければ山一ファイナンスの倒産は必至の状況にあった。

(三) 本件各証書が販売された当時においては、山一ファイナンスには、原告らを含むモーゲージ証書購入者に対し、その元利金の支払いを保証し、その償還に応じるだけの資金的能力はなかった。

2 被告は、山一グループの中核会社として、山一ファイナンスの右のような財務内容を熟知しており、本件証書が販売された当時、山一ファイナンスに原告らを含む山一モーゲージ証書購入者に対し、その元利金の支払いを保証し、また、その償還に応じるだけの資金的能力はないこと、ひいては、本件証書購入者が元利金の返済を受けられなくなることを知りながらあえて本件証書を被告本支店の販売員を通じて販売し、被告自ら及び山一ファイナンスの資金を調達するとともに販売手数料の利益を得た。

3 右販売行為は、「顧客に対して誠実かつ公正に、その業務を遂行しなければならない」と規定する証券取引法四九条に違反し、違法である。

4 また、抵当証券業の規制等に関する法律は、「抵当証券業者は、広告をする時は、その者の信用、抵当証券に記載された債権の元本及び利息の支払いの確実性・・・について、著しく事実に相違する表示をなし、または著しく人を誤認させるような表示をしてはならない」（一四条）と定め、被告は、同法二条但書・同法施行令一条により、他の法律（証券取引法）により、購入者の保護が図られるものの適用を受ける者とされているので、右一四条と同様の規制を受けるものであるところ、前記第四の販売方法は、抵当証券業者の財務基盤について開示せず、また商品内容について欺瞞的な表示をなしたものであって、右規定に著しく反するものである。

5　このような被告による本件証書販売行為は、被告の証券会社として遵守されるべき注意義務に著しく違反する不法行為である。

6　原告らの損害

原告らはいずれも被告の右不法行為により、本件証書の元利金相当額の損害を被った外、本件提訴を余儀なくされ、弁護士費用を負担することになった。弁護士費用としては購入額の一割が相当である。ただし、後記の通り本件訴訟においてはとりあえず元金の一部のみを請求するにとどめる。

第六　まとめ

以上によれば、原告らは被告に対し、少なくとも別紙一覧表記載の各元金額の支払いを求める権利があるところ、原告らは、本訴においてその一部の請求として被告に対し各金一〇万円の支払いを求める。

添付資料

一、資格証明　二通

二、訴訟委任状　二二通

平成一一年二月一六日

原告ら訴訟代理人

弁護士　山口　広

弁護士　横山　哲夫

弁護士　藤村　眞知子

弁護士　田中　博文

弁護士　日隅　一雄

弁護士　秋山　努
弁護士　安藤　朝規
弁護士　井口　多喜男
弁護士　石上　尚弘
弁護士　大迫　恵美子
弁護士　小川　正和
弁護士　萱野　一樹
弁護士　川畑　愛
弁護士　木本　三郎
弁護士　重　隆憲
弁護士　鈴木　喜久子
弁護士　十枝内　康仁
弁護士　中野　里香
弁護士　中村　昌典
弁護士　長倉　隆顯
弁護士　花輪　弘幸

弁護士　林　和男
弁護士　溝呂木　雄浩
弁護士　宮城　朗
弁護士　見付　泰範

東京地方裁判所民事部　御中

■活動記録年表

●一九九八年（平成十年）

6月25日　「山一抵当証券問題110番」を第二東京弁護士会などが実施。

7月1日　110番に問合せをしてきた被害者に、被害者集会のお知らせを発送。

7月8日　第一回被害者集会〈弁護士会館〉約一〇〇名が参加。抵当証券の仕組みと展望、方針を弁護団から説明。「山一抵当証券被害者の会」と「山一抵当証券被害弁護団」を結成。被害者の中から世話人を選出。

7月23日　第一回世話人会で全国の被害者に訴訟の参加をよびかけることを決定。

7月29日　第一回弁護団会議で訴状の検討と今後の運動方針について検討。

8月3日　第一次提訴（原告一九三名、被害総額八億七五〇〇万円）（東京地方裁判所民事第一部）。提訴後、記者会見し、被害の甚大さをアピール。原告に提訴について説明する第二回被害者集会も開催。

8月8日　第三回被害者集会〈弘済会館〉　約四〇名が参加し、弁護団の方針を聞く。

8月13日　第二回弁護団会議。陳述書、準備書面について検討に入る。

9月3日　被害者の会より、購入者約二〇〇〇名へ共に被害回復に立ち上がる呼びかけ文を送付。

9月8日　第一次の原告全員へ裁判所に提出する「陳述書」を発送（以後提訴の度に全原告へ「陳述書」を発送）。

9月18日　第二次提訴（原告九四五名、被害総額三三億二一五〇万円）。

9月20日　第一回口頭弁論〈東京地裁六二七号法廷〉。訴状陳述などのほか代表原告の意見を集約した書面を裁判所に提出。

9月22日　第五回被害者集会。裁判の補足説明を聞く。

9月28日　被害者の会より、さらに購入者約六四〇〇名へ共に被害回復に立ち上がる呼びかけ文を送付。

10月5日　「山一抵当証券被害者通信第一号」を作成し、原告へ発送（以下一九号まで作成し、随時発送）。

弁護団が大蔵省担当の国会議員へ早期解決の協力を要請。

弁護団が山一ファイナンス高木社長から山一證券との関連、会社の責任、抵当証券の問題点について事情聴取。

10月9日　弁護団が財団法人抵当証券保管機構で担保不動産の競売・回収等について聞き取り調査。

10月22日　弁護団が山一證券に破産しないよう要望する文書を送付。

10月29日　第三次提訴（原告二一〇七名、被害総額五四億七八〇〇万円）。

10月30日　第二回口頭弁論〈東京地方裁判所一〇三号法廷〉。

11月4日　被害者緊急特別陳情集会〈衆議院第一議員会館。衆議院議員や国会議員の秘書が出席し、被害者の会と弁護団が早期解決のための協力を要請した。さらに、被害救済を求める「要望書」を全国会議員に配布。

11月13日　同日、山一ファイナンス債権者集会が九段会館で裁判所司会のもと二時間余にわたって開かれ、全国から約七〇〇名の被害者が出席して激しく抗議。

被害者の会より、さらに購入者約三三〇〇名へ共に被害回復に立ち上がる呼びかけ文を送付。

11月19日　第四次提訴（原告一六六名、三億三四五〇万円）。

11月20日　裁判所と原告及び被告代理人が裁判の今後の進行について協議。

12月8日　弁護団が金融監督庁に出向き、担当者に早期解決を要請。

12月9日　山一情報システム清算人と弁護団が競売や配当について協議。

12月11日　第三回口頭弁論〈東京地方裁判所一〇三号法廷〉。

12月15日　第七回被害者集会の後、兜町の山一ビルに原告約三〇名が野沢社長に面会を求めに出向く。

12月25日　第五次提訴（原告二四〇名、被害金額四億九四五〇万円）。

裁判所と原告及び被告代理人で今後の裁判の進行について協議。

●一九九九年（平成十二年）

1月8日　山一土地建物㈱の破産管財人と弁護団が今後の手続きについて協議。

1月19日　弁護団が抵当証券保管機構と不動産競売等に関して協議。

2月2日　山一ファイナンス破産管財人と弁護団が山一證券の破産申立の場合の対策などについて協議。

2月5日　第九回被害者集会〈衆議院第一会議室〉。複数の国会議員が出席し、被害者の会と弁護団が早期解決を要請。集会後、全国会議員に対し抵当証券問題についての「アンケート」を配布。その後約三〇名から回答があった。

第四回口頭弁論〈東京地裁一〇三号法廷〉。

2月16日　第六次提訴（原告二一一名、被害総額五五五〇名）。

2月22日　弁護団の「仮差押チーム」第一回検討会。
2月23日　裁判所と原告及び被告代理人で今後の裁判の進行について協議。
2月24日　地方集会　第一弾「愛媛集会」（山口弁護士が出席）。
3月4日　第九回世話人会＝ビラ配布のための検討会。
3月8日　地方集会　第二弾「大阪集会」（山口弁護士が出席）。
3月12日　購入者三名の被害について山一證券の財産を差し押さえる仮差押決定が下された（東京地方裁判所民事第九部）。
3月19日　被害者多数で最初のビラ配り〈大蔵省前と東京地方裁判所前〉。
第五回口頭弁論。
3月21日　地方集会　第三弾「福岡集会」（溝呂木弁護士が出席）。
4月3日　地方集会　第四弾「北海道集会」（溝呂木弁護士が出席）。
4月6日　野澤社長ら役員に対して提訴をするため原告七〇名へ訴訟委任状などを事務局から発送。
4月7日　弁護団の「野澤社長ら役員に対する訴訟検討チーム」第一回検討会。裁判所と原告及び被告代理人で今後の裁判の進行について協議。
4月22日　地方集会　第五弾「愛知集会」（鈴木弁護士が出席）。

4月23日　裁判所と原告及び被告代理人で今後の裁判の進行について協議。
4月24日　地方集会　第六弾「仙台集会」（宮城弁護士が出席）。
4月27日　弁護団、山一證券の破産を認めるべきではないという「事前上申書」を裁判所に提出。
被害者の会のメンバーで野澤社長に面会を求め、山一證券を訪れるとともに、茅場町駅周辺でビラ配り。
5月10日　第一六回弁護団会議。山一證券の破産申立についての対処策等を検討。
5月11日　ビラ配り〈大蔵省前〉。
5月13日　購入者七〇名が野澤社長ら山一證券の役員四名に対して訴訟を提起（東京地方裁判所民事第一八部）。
地方集会　第七弾「広島集会」（安藤弁護士が出席）。
5月17日　弁護団と原告で大蔵省・金融監督庁・総理府の各担当に会い、早期解決を要請。
5月18日　山一證券の破綻直前に同社に対する債権を回収した冨士銀行に対し、債権を元に戻すよう求める詐害行為取消訴訟を提起。
5月20日　「一円でもきちんと返したい」という山一證券清算業務員の話が朝日新聞特集記事に掲載される。山一證券がさも誠実に返済を行なっているかのような報道に対し、多数の原告が朝日新聞社に電話をかけて記事に抗議。
5月25日　ビラ配り〈金融監督庁・大蔵省前〉。
6月2日　東京地方裁判所が山一證券について破産宣告。
弁護団と被害者の会で、山一證券が破産宣告を受けての記者会見を行う
世話人と事務局でビラ配りの時に着るTシャツを作成。
6月4日　ビラ配り〈金融監督庁・大蔵省前〉。
第一二回被害者集会（山一證券破産のため口頭弁論は中止）。
6月8日　世話人、「大蔵省・金融監督庁は抵当証券の被害を救済せよ!!　山一抵当証券被害者の会」というメッセージを記した横断幕を作成。
6月10日　弁護団、東京地方裁判所の破産担当部と破産管財人に債権届に関する「要望書」提出。
6月14日　役員訴訟、第一回口頭弁論。
6月18日　弁護団、山一ファイナンス破産管財人と協議。
6月25日　ビラ配り〈金融監督庁・大蔵省前〉。
7月1日　弁護団が山一証券破産管財人と民事二〇部へ「申入書」提出。
7月2日　弁護団が山一証券破産管財人と民事二〇部へ債権届出事務の催告「上申書」提

出。

7月7日　弁護団が山一證券破産管財人と早期解決方法について協議。

7月16日　ビラ配り〈金融監督庁・大蔵省前〉。

7月23日　弁護団が大蔵省の担当者と協議。

ビラ配り〈大蔵省前〉。

第一三回被害者集会。山一證券が破産宣告を受けたため今後についての説明会。

第一四回世話人会。今後の債権届出について協議、活動参加者を募る。

7月27、30日　ビラ配り〈大蔵省前〉。

8月5日　ビラ配り〈国会議員会館＝第二衆議院会館、第二衆議院会館、参議院会館〉。

8月6日　弁護団と山一證券破産管財人が協議。

8月10日　原告でない購入者約六〇〇〇名に対し、被害者の会が債権届などを共に提出し被害回復に立ち上がるよう呼びかける文書を発送。

8月20、25、31日　ビラ配り〈大蔵省前〉

8月23日　役員訴訟　第二回口頭弁論。

9月2、6、10日　ビラ配り〈大蔵省前〉。

9月2日　弁護団と山一證券破産管財人が協議。

9月21日　弁護団が山一證券破産管財人へ経営破綻直後の十一月二十五日に償還を止めたことの不当性を訴える「通知書」発送。
9月30日　東京地方裁判所破産部へ債権届出提出（以後三回に分けて四二九七名分提出）。
10月4、26日　ビラ配り〈大蔵省前〉。
10月4日　役員訴訟　第三回口頭弁論。
10月7日　弁護団が山一證券および山一ファイナンスの管財人と三者で初めての協議。
10月15日　イトイ・高山ランドら原債務者に対し早期に弁済してくれるよう「申入書」を発送。
10月19日　弁護団が山一證券および山一ファイナンス管財人と三者協議。
11月2日　弁護団が山一情報システム㈱の特別清算人から今後の手続き等について事情聴取。
11月8日　弁護団が山一土地建物㈱の破産管財人から今後の手続き等について事情聴取。
11月9日　弁護団が山一證券および山一ファイナンス管財人と三者協議。
11月12、25日　ビラ配り〈大蔵省前〉。
12月6日　ビラ配り〈大蔵省前〉。
役員訴訟第四回口頭弁論が開かれ、原告代表による意見陳述。

12月7日　第一五回被害者集会を開き、弁護団が原告らに和解案についての意向を尋ねる。
12月15日　弁護団が山一證券および山一ファイナンス管財人と三者協議。
　　　　　ビラ配り〈大蔵省前〉。
　　　　　山一證券の債権者集会が日比谷公会堂で開催される。原告ら約一〇〇名が出席する中、弁護団が早期解決を管財人らに要請。
12月20日　「原債務者が山一土地建物㈱のモーゲージ証書を所持している方への朗報」を該当する証書の所持者へ発送。

●二〇〇〇年（平成十二年）
1月19日　弁護団が山一證券および山一ファイナンス管財人と三者協議。
1月21日　ビラ配り〈大蔵省前〉。
2月7日　役員訴訟第五回口頭弁論。
　　　　第一六回被害者集会を開き、弁護団が原告らに和解案についての意向を尋ねる。
2月29日　弁護団が山一證券および山一ファイナンス管財人と三者協議。
3月7日　あっせん仲裁センターで第一回の協議。
3月9日　弁護団が山一證券および山一ファイナンス管財人と三者協議。

3月13日　あっせん仲裁センターで第二回の協議。
3月16日　弁護団事務局、山一證券および山一ファイナンス管財人、抵当証券保管機構代理人とが和解成立後の事務作業について協議。
3月23日　あっせん仲裁センターで和解が成立。全購入者に対して最低八五％の被害回復を勝ち取る内容の和解。
3月28日　東京地方裁判所破産部で和解が認可される。
被害者と弁護団が和解成立の記者会見。
「解決のご報告」を全依頼者へ発送。
4月6日　第三一回弁護団会議。
4月12日　弁護団、山一證券、山一ファイナンス、保管機構の事務関係者が和解金支払い手続きについて協議〈保管機構〉。
4月15日　最後の第一七回被害者集会〈主婦会館〉。弁護団から和解に至るまでの経緯の説明と今後の手続きについて発表。被害者の会からは今までの活動を報告。
4月25日　「原債務者が山一情報システム㈱で一番抵当のモーゲージ証書を所持している方への朗報」を該当所持者に発送。
6月5日　着手金と事務連絡費の返還のための事務手続きを開始。

7月31日　山一ファイナンス信託財団より買取対象モーゲージ証書についての「受益の意思表示」に関する書類を発送。
8月7日　着手金及び事務連絡費の返還振込を開始。
10月30日　信託財団より被害者たちの銀行口座へ抵当証券の権利を買い取るための金額が振り込まれる。

あとがき

山一抵当証券事件は一応の決着を見た。被害者は、この解決に完全には納得できないまでも、ある程度の満足感を得ることができたのではないだろうか。その一方で、破綻した独立系（銀行や証券会社の子会社ではないもの）の抵当証券会社が発行した抵当証券を購入した方は、いまだ投資した資金をほとんど回収できず、つらい日々を過ごしている。会社には資産がなく回収の目処が立たないことから、弁護団としてもお役に立てないのが現状である。

このような独立系の抵当証券会社の破綻の際には、抵当証券の問題点が浮き彫りになる。すなわち、本文中で記載されたとおり、抵当証券の最大の問題点は、自分が購入しようとしている商品の価値を知る手段がまったく与えられていないことである。自分が購入しようとしている抵当証券の元となる債務の借主が誰なのか、担保物件はどこの不動産なのか、まったく分からないまま、購入しなければならないのである。債務者のプライバシーという名目で債務者名、抵当物件が購入者に明らかにされない制度となっているからである。購入者は法務局登録の元本保証商品といううたい文句ながら実はまったく正体不明の商品を購入させられる。

破綻した独立系会社の場合、会社が元本保証する体力もなく、担保にとった不動産も使い道のない山林など価値の低いもので、購入者が投資した資金は返ってこない。このように独立系の破綻のケースからは、商品の価値を判断する材料を開示しない商品の販売が認められているシステム自体に問題があることがより明白となった。

山一抵当証券事件でも、元々の債務者のうち大口のものは山一證券の実質的な子会社であった。いわば、山一が自分の資産で一般消費者に借り入れを起こしていたようなものであった。もし、そのことが事前に分かっていたら、被害者の多くは購入を躊躇したであろう。

もっとも、抵当証券が右のような危険を伴う商品であることは、木津信、拓銀、そして山一の各事件を通じて多くの国民に伝わった（木津信及び拓銀事件については、各弁護団が編集した『金融神話が崩壊した日　木津信抵当証券被害者弁護団の活動記録』『モーゲージ・クライシス　たくぎん抵当証券被害者救済の全記録』に詳しい）。このため、一部の証券会社及び銀行系の抵当証券発行会社は、危険というイメージの強くなった抵当証券の販売を中止した。また、販売を継続している会社についても、販売時の勧誘の際、預金保険の対象ではないこと、元本保証ではないことを明確に説明するところがみられるようになった。これも、抵当証券被害者の活動の一つの成果といえるだろう。

しかし、相変わらず、問題意識もなく、「元本保証の安全な商品です」「親会社である当銀行が抵当証券発行会社をつぶすはずがない」などと山一證券とまったく同様のセールストークを行っているところもある。やや古いデータだが、平成十一年三月末現在で抵当証券は三兆二〇〇〇億円も市場に出回っている。少なくとも、抵当証券の情報の透明性を高めるような法改正はまったなしで必要である。法改正に向け、弁護団としても今後継続的な活動を行いたいと考えている。

一連の抵当証券被害事件に共通していえる教訓は、「声を挙げることが解決の第一歩である」ということであろう。被害者が連帯し、弁護団を立ち上げることができなかったら、被害が回復されることはなかったであろう。山一抵当証券事件でも、弁護団に依頼した約四五〇〇人の胸には、一人ひとりが声をあげることの大切さが刻み込まれたと思

抵当証券業者の破綻事例

2000／12／1現在

抵当証券業者名	破綻年月日	販売金額	購入者数	清算方法	破綻後のてんまつ
兵庫抵当証券㈱	1995／8／30	940億円	3143	特別精算	兵庫銀行に対する損害賠償請求訴訟を提起し、受け継いだみどり銀行が96年6月に90%で買取る和解が成立
兵庫大同ファイナンス㈱	1995／8／30	1億円	14	特別精算	—
木津信抵当証券㈱	1995／8／30	171億円	3274	特別精算	木津信用組合に対する損害賠償請求訴訟を提起し、97年1月に85%で和解が成立。
たくぎん抵当証券㈱	1997／11／18	249億円	6724	破産申立	北海道拓殖銀行に対する損害賠償請求訴訟を提起し、99年4月に85%で和解が成立。
山一ファイナンス㈱	1997／11／25	320億円	9799	破産申立	山一證券に対する損害賠償請求訴訟を提起し、2000年3月に85%で和解が成立。
不動産抵当証券㈱	1997／12／15	53億円	575	破産申立	管財人が代表取締役を刑事告訴。しかし、購入者へ返還する資金はほとんどなかった。
新潟抵当証券㈱	1998／8／25	6億円	194	破産申立	—
日債銀モーゲージ㈱	1998／12／15	64億円	246	破産申立	破産管財人が全額買戻し、購入者に対し全額救済がなされた。
㈱第一キャピタル	1999／3／5	7億円	4	破産申立	—
こくぎんモーゲージサービス㈱	1999／4／12	12億円	220	破産申立	破産管財人と交渉中。

※上の表中の「販売金額」「購入者数」は、抵当証券会社が破綻した時に抱えていた債務状況を表す。

う。振り返れば、本件が数の力で解決されたことは明らかである。この経験は今後、四五〇〇人が様々な社会問題に向き合う際、貴重な教訓になるはずである。この経験こそ、本件の最大の成果であると言えるようになることを願っている。なお、四五〇〇人の活動のおかげで、今回は何もしないままに被害を回復した約五〇〇〇人の被害者にはこのようなことが再びあったら、ぜひ積極的に声をあげていただきたい。

今後、規制緩和によって行政による事前のコントロールが小さくなり、事後的司法的解決の必要性がますます高まるだろう。そうなれば、被害者が法的な手続をとることの重要性がますます大きくなる。

そこで、われわれ弁護団も、今回の事件の報酬の一部を拠出して、大型消費者事件に取り組む弁護団を支援するための基金を設立することとした。弁護団に対する報酬は、山一證券の破産手続の共益費から膨大な被害者に関する事務手数料として支払われたものである。弁護団は、この一部を山一抵当証券事件と同種の大型消費者事件の弁護団を立ち上げる際の当初の必要経費の立て替え及び緊急に相手方の財産を保全する必要が生じた際の法的手続のための担保などに使ってもらうことにしたのである。

四五〇〇人の経験も弁護団の基金も社会全体から見れば、些細なことかもしれない。

しかし、このような経験や支援体制が市民の権利を守るための契機となることを期待したい。

最後にこの場を借りて、弁護士一年生事務局長を温かくご指導いただいた弁護団の諸先輩および同期の皆さん、てきぱきと仕事をこなしてくれた支えてくれた小西美由紀さんをはじめとする事務局スタッフ一同に心から謝意を表する。

山一抵当証券被害弁護団　事務局長　弁護士　日隅一雄

●山一抵当証券被害弁護団

山口　広（第二東京弁護士会）
横山 哲夫（東京弁護士会）
藤村 眞知子（第二東京弁護士会）
田中 博文（第一東京弁護士会）
日隅 一雄（第二東京弁護士会）
秋山　努（東京弁護士会）
安藤 朝規（東京弁護士会）
井口 多喜男（第二東京弁護士会）
石上 尚弘（第二東京弁護士会）
大迫 惠美子（東京弁護士会）
小川 正和（第一東京弁護士会）
萱野 一樹（第二東京弁護士会）
川畑　愛（千葉県弁護士会）
木本 三郎（東京弁護士会）
重 隆憲（東京弁護士会）
鈴木 喜久子（第一東京弁護士会）
十枝内 康仁（東京弁護士会）
中野 里香（第一東京弁護士会）
中村 昌典（東京弁護士会）
長倉 隆顕（第二東京弁護士会）
花輪 弘幸（第二東京弁護士会）
林 和男（第二東京弁護士会）
溝呂木 雄浩（第二東京弁護士会）
宮城　朗（東京弁護士会）
見付 泰範（千葉県弁護士会）
秦 雅子（第二東京弁護士会）

［著者略歴］

小西慶太（こにし　けいた）

1960年、大阪府に生まれる。1984年、法政大学社会学部卒業。タウン誌編集を経て1985年よりフリー。雑誌、書籍を舞台に幅広い分野で執筆。著書に『白と黒のアメリカ——キング牧師の闘争と夢の記録』（メディアファクトリー）ほか多数。

危（あぶ）ない抵当証券（ていとうしようけん）　山一抵当証券被害回復の記録（やまいちていとうしょうけんひがいかいふくのきろく）

2001年3月25日　初版第1刷発行　　定価1900円＋税

著　者　小西慶太

監　修　山一抵当証券被害弁護団

発行者　高須次郎

発行所　株式会社緑風出版

〒113-0033　東京都文京区本郷2-17-5　ツイン壱岐坂

［電話］03-3812-9420　［FAX］03-3812-7262

［E-mail］info@ryokufu.com

［郵便振替］00100-9-30776

［URL］http://www.ryokufu.com/

装　幀　堀内朝彦

写　植　R 企 画

印　刷　モリモト印刷　巣鴨美術印刷

製　本　トキワ製本所

用　紙　山市紙商事　　E1750

ISBN4-8461-0102-9　C0033

宗教名目による悪徳商法
――日弁連報告書にみるその実態と対策

宗教と消費者弁護団ネットワーク編著

A5判並製
二五六頁
2500円

宗教を装い、しのびよる悪徳商法その他による被害はあとを絶たない。本書は、長年被害者救済に携わってきた弁護士グループが、その実例と問題点、対応策などを提示。日弁連の三報告書とあわせて、その被害の根絶を世に訴える。

統一協会合同結婚式の手口と実態

全国霊感商法対策弁護士連絡会他共編

A5判並製
二七二頁
2500円

タレント信者の参加で話題となった統一協会の合同結婚式。本書は被害者の証言と資料をもとに〝式典〟の実態を明らかにし、強引な信者勧誘や入信の手法、霊感商法をもふくめた統一協会の教団活動がもつ危険性を強く訴える。

「戦争の記憶」その隠蔽の構造
――国立戦争メモリアルを通して

田中伸尚著

四六判並製
三五二頁
2500円

日本政府は「戦争の記憶」の何をどう伝えようというのか。その展示内容を含め、戦争責任の所在を曖昧にしたまま建設が進められる「戦没者追悼平和祈念館（仮称）」。本書は構想と計画の背景・経緯を探り、その建設の是非を問う。

バイオハザード裁判
――予研＝感染研実験差し止めの法理

予研＝感染研裁判原告の会、予研＝感染研裁判弁護団編著

A5版上製
三五六頁
4800円

人類が想定していなかった生物によるバイオハザード＝生物災害の危険性が高まっている。本書は、住民の反対を押し切って都心の住宅地に強行移転してきた予研＝感染研の移転と実験差し止めを求める裁判訴訟の全記録。

資料「君が代」訴訟

「君が代」訴訟をすすめる会編

A5判上製
五九六頁
6200円

小・中学校の入学式・卒業式での「君が代」強制は、思想・良心の自由を侵害するとして、保護者・市民・教員らが京都市教委を訴えた「君が代」訴訟の全記録。精神的自由の観点から、反「君が代」の体系的理論を提起。